南方熊楠と猫とイスラーム

嶋本隆光

学術選書 113

KYOTO UNIVERSITY PRESS

京都大学学術出版会

南方熊楠と猫とイスラーム◉目　次

目　次

はじめに　3

本書の概要　12

第1章……南方熊楠が語る自らの生涯と一九世紀のイギリス……21

1　南方熊楠の経歴　23

2　英国留学時代　36

3　一九世紀のイギリスと中東　50

4　まとめ　61

第2章……南方熊楠と猫とイスラーム……63

1　前提的考察――ホイッチングトン譚とクラウストン　67

2　『大蔵経』「義浄訳―根本説一切有部毘奈耶、巻三二」の記述　75

3　『ペルシア史（*Tarikh-e Ma'ajam*）』の記述。*Tarikh-e Vassaf*、オースリーによる紹介　80

4 イスラームにおける猫の位置 84
5 考察 97
6 まとめ 103

第3章……南方熊楠と比較宗教学
――在英期間初期までに読んだ文献……105

1 *Outlines of History of Religion*――Cornelis Petrus Tiele 110
2 *The History of the Conflict between Science and Religion*――John William Draper 118
3 まとめ 131

第4章……ウィリアムズと『仏教講論』
――熊楠と仏教およびキリスト教……135

1 前提的考察 135
2 M・M・ウィリアムズの『仏教講論』――熊楠による翻訳とコメント 143
3 比較宗教学の嚆矢ミュラー（Max Müller）と南条文雄 171
4 まとめ 179

第5章……熊楠と帰納法
——ミルとベインから学んだこと、その学問の方法と「燕石考」……183
1　ミルの著作が生まれた時代と思想　187
2　ミルによる四つの実験的方法　191
3　四つの実験的方法の問題点と克服　196
4　【検証一】熊楠の学問の方法——特にアナロジーについて　199
5　【検証二】「燕石考」の分析　217
6　まとめ　223
第6章……熊楠の研究方法と後代の評価……227
1　評価の試み——鶴見和子　229
2　評価の試み——中沢新一　241
3　評価の試み——井筒俊彦　245
4　まとめ　254

おわりに　257
参考文献一覧　263
図版掲載一覧　265
南方熊楠関連年表　267
索引（人名／事項）

南方熊楠と猫とイスラーム

はじめに

『南方熊楠と猫とイスラーム』といっても、これは猫好きで知られた熊楠についての本ではない。確かに熊楠は猫が好きであった。実際、このテーマを扱った小冊子が数年前に出版されたほどである。だが、本書で扱うのは、むしろ熊楠の学問の特徴、方法である。熊楠の学問の特徴の一つが「比較」であることは、何人かの研究者によって指摘されてきた。確かに、彼の比較説話的、民俗学的著作を見れば、彼が世界中の説話、民俗学的資料を駆使して、比較検討を試みているのは明らかである。特に英国に渡ってからの情報収集への執念は、並の人間にはとうていおよばないほどのすさまじいものであった。熊楠は大英博物館の所蔵する膨大な資料群に対峙しながら、日々奮闘していた。その姿を想像するだけで感銘を受け、頭の下がる思いをした研究者、熊楠ファンは少なくないだろう。しかし、彼のこの努力がどの程度報われ、実際に後の研究に生かされたのかについてはあまりよくわかっていない。熊楠は専門領域の植物学、粘菌類の研究以外に非常に広範な人間の活動に関心を示した。しかも、困ったことに幅広い関心の対象に関する膨大なデータを体系化することはほぼ全くしなかったので、後代の熊楠に関心を持つようになった人たちは、彼の著作の真意が何であり、真の関心の所在がどこにあったのか、把握するのに困惑してしまうのである。

実際、熊楠は、「学」として比較を行ったのか、それとも収集した情報をひたすら「陳列」したのか、こんな初歩的なことについてもいまだに議論されている。というのも彼が書き残した作品の中で、例えば代表作とされる『十二支考』をみて、現代の相当な知識人といえども、あのようなものをちゃんと読める人がいったい何人いるだろうか。まず、熊楠の文体に関していえば、明治大正時代の日本人知識人の学力の高さ、さらに当時としては極めて希少な情報を扱っている難しさがある。同時代の読者の好奇心を引きつける興味深い内容、事実が綺羅星のごとく網羅されている。だがその一方で、全体として何を言いたかったのか、わかりづらいのである。現代の読者にとって可能な熊楠の作品を利用する方法の一つとして、彼が用いた資料を自らひも解いて、自身の研究や関心を発展させるための情報源として用いることが考えられる。ただ、この読み方には注意が必要である。というのは、熊楠が世界中の事象に関して多様な資料を漁って集めた情報は、必ずしも資料考証を十分に行ったうえで用いられたわけではないからである。ありていに言えば、かなりずさんなところが散見する。したがって、少なからぬ思い込みや誤謬を含む傾向がある。

本書を執筆した主要な目的は、以上の点について改めて問題を提起しようとしたこと、そしてできることならいくつかの点を明確にすることである。熊楠には「猫一疋の力に憑って大富となりし人の話」という論考がある。大正元年、雑誌『太陽』に掲載されたもので、本邦において文筆家として全国デビューを果たした記念すべき作品である。熊楠が描いた作品の中では、論考としてよく整った作品で、論旨は極めて明瞭である。この作品は論理展開の過程でイスラーム世界と深くかかわっており、イスラーム研究を長年行っていた筆者が熊楠関連の論考として最初に扱った作品でもあった。さらに、熊楠の長所と短所が明瞭に表れた作品でもあった。

本書のタイトルはこの作品にちなんでおり、第2章を構成している。この論考で大きな問題となるのは、論考の発想の起源、さらに考証の仕方について、深刻な問題が見いだせることである。特に、論旨に一貫性はあるものの、資料考証において西洋人の残した記録に依拠しながら、それらを無批判に用いている点があった。もちろん、熊楠が生きた時代の世界情勢に関する情報量、学問の水準に制限があったことを踏まえたうえで批判がなされるべきではあるが、上記の点については検討されるべきであろう。

熊楠は数多くの作品を残しているが、それらのすべてが首尾一貫した、論考としての体裁を整えたものであるわけではない。したがって、彼の学風を検討する際に調査の対象となるのは、主として彼の和文・英文の長編作品である。むろん、個々のテーマの細部に関する考証など、興味深い作品を多々残しているとしても、学問的知識とは一定の一貫した論に基づく体系化を目指すものでなければならない。いくら知識を蓄えていても、それが体系的に一貫した論理のもとに記述されていなければ、知らないのと同じである。矛盾した情報の詳細な記述が書き連ねてあるだけでは、読者にとっては無意味だからである。逆に、筋道は整っているが、正しく実証されていない作品は同様に問題がある。

この問題については、最終章で私見を述べたい。今ここで述べたいのは、熊楠の思想、学問について調査を行うに際しても、同様の観点からバランスよく注意深く調査する必要があるということである。これまで熊楠の特異性、独自性を、専門領域の生物学上の成果から類推した議論が多かった。あるいは、研究者の専門とする分野にひきつけた我田引水的な熊楠論がなかったわけではない。むろん、調査は自由に行われるべきであるし、自分の比較的よく知っている分野の原理原則に従って行われる。本書も、イスラームの勉強をしてきた筆者によるものである。したがって、この意味では知識の範囲は限られているので、問題がないわけではない。この不備な点を認めたうえで、筆者の知る範囲内で熊楠の論考の問題点を扱おうというのである。

以上の諸点に留意しながら、本書では、これまであまり扱われることのなかった、熊楠のロンドン滞在期間の研究活動の具体的内容、特に研究の方法に焦点を当てながら、熊楠が確実に読んだと判断できる資料に基づいて記述を行う。つまり、これまでの研究では、熊楠が接したと思われる西洋人著者の作品は、さほど丁寧に、詳細な調査がなされてこなかった。彼が読んだ書物に残された書き込みや、日記、さらに、これまで熊楠の学問を知るうえで至宝のように扱われてきた「土宜法龍往復書簡」は、確かに彼の学的成長を知るうえで極めて重要な資料であるが、そこに見られる記述は膨大な量であるにしては、扱われた問題はあまりに限定された断片的な情報でしかない。法龍との書簡は確実に一級の資料であり、その重要性は変わらないとはいっても、書簡だけでは内容の伴った熊楠の学的発展を知ることはできないのである。

こうして、熊楠が一八九二～一九〇〇年に至る足掛け九年間、さらにそれに前後する時期（滞米期間と帰国後しばらくの間）に確実に読み、さらに読んだ書物について比較的詳しく熊楠が言及している西洋の研究者の著作を精査したうえで、彼がそれらの書物をどのように咀嚼したかを確認する作業が求められる。この作業によってはじめて彼の学問の内実が多少なりとも明らかになるからである。ただ、ここで問題にしているのは、旅行記や百科事典的な書物のように熊楠が単に民俗学的研究の調査テーマに関する具体的な情報を得るために参照した書物ではなく、一定の理論的内容を伴う著作である。実はこのような条件に適う書籍はさほど数が多くない。著者名だけを列挙すれば、スペンサー（H. Spencer）、ティーレ（Tiele）、クラーク（Clark）、ドレーパー（Draper）、ミュラー（Max Muller）、ウィリアムズ（M. M. Williams）、テイラー（Taylor）、フレイザー（Fraser）などが出てくるだろう。旅行記や百科事典的な書物はさほど重要ではないと考えるのは、その多くは熊楠が民俗学的事例を渉猟する過程で用いられたものであって、彼の考え方と密接にかかわるものではないからである。本書では上記の著作者の中から特に重要と考えられる作者について、熊楠が読んだことが確実な著作に基づいて検討する点を再確認しておきたい。

熊楠は英文和文で多くの作品を残しているが、特に『ネイチャー（*Nature*）』や『ノーツ・アンド・クェリーズ（*Notes and Queries*）』に投稿された論考の中で用いられた外国語はほとんどが英語資料である。

それらの文献を用いる際の特徴は、読書量の多さは驚くべきものであるが、読み方は時に極めて不正確であり、（旅行記その他についても）西洋人の記述を無批判にナイーブに受け入れ引用している場合が多くある。この点は、熊楠の邦人著者に対するときに見せる厳密さと対照的である。

南方熊楠は、自然界にあるあらゆる事象に関心を示した。少なくとも、我々にはそのように見える。確かに、生物界の事柄に対する興味が中心であったようだが、宗教に対しても強い関心を示していた。ただ、熊楠が日常的に宗教的戒律を順守する敬虔な宗教人であったとは考えにくい。「宗教」の定義は人それぞれに異なる。もともと熊楠の関心は生物学であったのだが、南方家では真言宗の信仰が行われており、父親は熱心な信徒であったようだ。熊楠はこの父に対して格段の敬意を示している。幼いころから家族とともに高野山に詣でており、「学問的」宗教への関心は、米英の留学期間に生じたようだ。何にでも興味を示す好奇心の強さと同時に、渡英後ほどなく土宜《どき》法龍《ほうりゅう》と知り合うことで生じた西洋の宗教事情を彼に提供する必要によって、さまざまな宗教に対してもそれなりの関心が生まれたようである。具体的には、当時流行した「比較宗教学」の影響を受けたのである。本書ではこの点をできるだけ詳細に扱うが、そもそも熊楠は通常の意味における宗教に関心がないばかりか、それを回避、あるいは侮蔑していた印象がある。幾人かの研究者が解説するような『華厳経』の世界に思いをはせる「宗教人」ないしは「宗教思想家」などというものは全くの虚構であって、彼は神学などの形而上的世界の事象に対しては同情を示すことはほぼなかった。熊楠は、基本的に生物学のフィールド調査によって培われた直接的な現物観察、現物主義を基本としていた。彼が数学のような極度に抽象的で形而上的な学問になじまなかったのも、おそらくこの気質とかかわっている。ただし、筆者の知る限り、金銭の計算などの算術は普通にできたように見える。熊楠のこの特性は強調しておく必要がある。

熊楠が米国、英国に渡るころには（一九世紀後半）、西洋においてはようやく「比較宗教学」の研究分野が一つの「学」として成立していたが、いまだ明瞭な形をとっていなかった。この学問分野は、ヨーロッパの列強、とりわけ大英帝国の世界制覇の過程と深くかかわっていた。西洋人が後進地域をその制御下に置く過程と並行して、これまで体験したことのない文物との直接的接触があった。同時に、世界中の宗教に関する関心も高まった。後進地域で観察できる様々な宗教現象は、彼らにとって唯一正しい宗教、キリスト教を布教する際に対峙しなければならない障壁であった。それらを理解することは必須の条件であった。もちろんこの動きの背景には、ヨーロッパ列強の植民地支配の衝動があり、後進地域の経済的支配と不可分の流れがあったのだ。

宗教が人間の実存にとって不可欠の要素であることは、人類の歴史を現象学的に概観すれば明らかであって、人類が科学の万能を「信じる」ようになったのは、せいぜいこの三〇〇－四〇〇年程度のことにすぎないことがわかる。宗教は人間の生活するところどこでも、普遍的に見出される現象であるから、支配者である先進ヨーロッパの国々も、正誤のほどはともかく、これを知ることに努めた。

彼らがキリスト教徒であったことは言うまでもない。最初キリスト教徒にとっては、奇妙な「異教的」な宗教の存在は非常な驚きであったが、キリスト教の宣教と実利的植民地支配の整備と調和を保ちながら進展した。両者は不即不離の関係で、密接に結びついていたのである。

このように近代ヨーロッパの「比較宗教学」の発展は、歴史的条件の中で、宗教の布教と実利が手を携えて始まったものであるとは言っても、やがて、それぞれの宗教に関する情報が豊かになるに伴って、研究者の態度も徐々に変化を見せた。多くの研究者の間においても、キリスト教の優位は動かしがたかったとはいえ、少しずつ「体系的に」世界の宗教の位置づけを検討する人々が現れた。一方、個人的に異文化に属する宗教に魅了されてしまう人たちもあった。特に、インドと大英帝国の関係が密接となり、やがて植民地となって、その民族・言語が西洋人と同根であることが明らかになると、インドに対する関心が非常に高まった。これは、言語、人種、文化などあらゆる分野で見られたが、インド起源の宗教は西洋人の関心をことのほか引いたのである。仏教の流行はその顕著な例である。

言うまでもなく、熊楠がいた欧米諸国では進化思想が一世を風靡しており、西洋人の思想は多くの面で進化思想の影響を受け、最終的に西洋の文物がほかの文明に優越する最高のものであると考える悪癖がこのころから固まっていった。当然のことながら、宗教の価値を序列的に配列することが行われ、ヘーゲルなどに典型的に見られる最善のキリスト教（ルーテル派）に至る前提として、非ヨーロッパ地域、アジアの宗教が位置付けられることになった。キリスト教内部には複雑な内部対立があったとはいえ、キリスト教優位の宗教研究が主流であり、この時代に世界を支配下に置いたヨーロッパ人支配者の影響は顕著であった。同時に、自由主義的、客観的立場から宗教現象を解釈する立場も現れていた。最終章で触れるように、明治時代の日本も例外ではなく、欧米思想の強烈な影響下にあった。

この状況下において、アメリカを皮切りにしてのちにイギリスに渡った熊楠は、当時のヨーロッパ人が書き表し、アメリカでも評判の宗教関連の書物の調査を行った。アメリカ滞在期間に数冊、渡英後は第4章で詳述するように、真言宗僧侶、土宜法龍の要請に応じて、様々な宗教書を読んだり、翻訳したりしている。法龍との往復書簡を丁寧に調査すれば、彼が実際に読んで活用したとみなすことのできる書物が判明する。もともと熊楠は体系的に叙述しないので、彼に思想というものがあるとすれば、実際に読んだ書物を彼自身の記述と対照的に比較検討することによってのみ知ることができる。残念ながら、西洋語の文献（といっても、熊楠の場合、蔵書や彼の寄稿文を検討すれば、主要言語は英語であって、ほぼ英語の文献または翻訳書であることがわかる）と彼の叙述とを対照的に比較検討された研究はほとんどない。この点で重要なことは、彼は大英博物館で驚愕の抜き書き作業を継続するが、主要な目的は「民俗学」的研究の資料の収集であったように思われる点である。おそらく彼は生物学の分野におけると同様、明白な現象、およびそれに関する記述に関心を示したとしても、過度に抽象的な議論に関心をあまり示さなかったのではないか。それは哲学であれ、宗教であれ同じことで、ましてや形而上学的な、すなわち「物理（モノ）の彼方にある」と考えられる事象に深い関心を持っていたとは考えにくいのである。

対照研究の重要性は、確かに熊楠が考え、行ったことを文献の中に直接見出すことであるにもかかわらず、いくつかの主要な熊楠研究では、実証的に明らかにすることなく、自らの熟知する原理原則を投影して熊楠の記述の解釈が行なわれてきたように思われる面があった。もちろん、学問の方法として演繹的な手法は正当な手段として容認される。仮説の設定そのものには何ら問題はない。問題は確実な証拠がないまま、自らの主観的な解釈に基づいて議論を進める点であって、客観的に納得される証明ができていないにもかかわらず、既成の事実であるかのように考えることである。私見では、これまでの熊楠研究においてこのような方法が採用されていなかったとは言えないように思われるので、この点については、本書の各所で機会のある限り言及する。

以上の問題意識から、本書では以下の章立てに従って議論を展開したい。

本書の概要

第1章　南方熊楠が語る自らの生涯と一九世紀のイギリス

熊楠の経歴については様々な書物で詳細に解説されている。帰国後の那智山での生活や活動についてはともかく、その後田辺に移住してからの動向は、研究者の資料発掘によって、かなり細かいところまで明らかにされている。しかし、米英時代の熊楠に関しては不明な点が多い。彼の日記や雑誌への投稿文はそれなりに分量があるのだが、必ずしも彼の思想や学問の基盤などは明確ではない。ないものをあれこれ言っても仕方がないので、第1章では彼が大正一四年一月三一日に大阪在住の矢吹義夫に送った長文の書簡、いわゆる「履歴書」に基づいて熊楠自身に彼の初期の経歴を説明してもらうことにする。この履歴書は熊楠の遺文の中でももっとも有名なもののひとつで、その複製拡大が白浜町の南方熊楠記念館に展示されている。内容の細かい詮索はともかく、彼が考えていた自身の経歴の説明である。ただし、本書の主題は熊楠の生涯全体の記述ではなく、彼のイギリス、ロンドンでの滞在期間とそれに相前後する関連した著作に焦点を当てている。足掛け九年のロンドン滞在期間に彼の「研究」の基盤が据えられたと考えられるからである。したがって、熊楠自身記述した「履歴」に加えて、彼の生活の基盤であった大英帝国、そしてその首都はどのような環境として理解できるかを考えてみる。この作業によって彼が依拠した研究資料の性格が明らかになる。同時に彼の方法論をある程度知ることができる。一九世紀後半のイギリスは、ヴィクトリア時代の繁栄を支える根幹としてのインド経営を軸にインドへの経路を確保するためにエジプト、オスマントルコ中枢部（アナトリア西部、ボスフォラス海峡地域）、イラン（ペルシア）においても、強大な影響力を行使していた。この帝国主義的支配を通じて、植民地、半植民地から膨大な量の物産と同時に前代未聞の莫大な量の情報が本国に流入していた。これに伴い英国人の新情報に関する調査・研究が著しく進展した。このように、熊楠が渡ったイギリス、そしてその首都ロンドンには極めて重要な情報・知識のすべてが集散蓄積されていた。そして、大英博物館はまさにそのシンボルであった。

第2章　南方熊楠と猫とイスラーム

筆者は長年イスラーム研究を基礎として宗教研究を行ってきた。ある時期に、熊楠の社会・宗教思想を学ぶ学生の指導を任されたことがきっかけで、これまで以上に深く熊楠について学ぶことになった。上で述べた理由で、彼のいたイギリスでは植民地との関わりがあって、特に中東地域との関係から、イスラームに関する議論も盛んにおこなわれていた。熊楠は法龍からの依頼もあって、イスラームについても書簡中で言及している。筆者は和歌山市在住であることから、熊楠については一通り読んでいたし、彼の評判（あまり芳しくない風評も多い）についてあれこれ耳にしてきた。このような経緯から、熊楠の著作や研究にこれまで以上に数多く接することになった。やがて、熊楠の宗教の扱い方に関して、さらにその研究方法について本腰を入れて学ぶことになった。その結果生まれたのが「南方熊楠と猫とイスラーム」（『日本語・日本文化』、二〇一五年、大阪大学日本語日本文化教育センター）であった。熊楠の論考は、イギリスでよく知られたとある実在した人物の生涯とインドのかかわりが、猫を通して説明されている、壮大な文化伝播論である。詳細は第2章に譲るとして、このような論文の是非については識者の判断に任せるが、これまで言われてきたものとはかなり異なる熊楠像を描くことになった。個人的な魅力とは別に、彼の学問の方法にはかなり深刻な難点のあることに気づいたのである。この論考において、イスラームが極めて重要な役割を果していたことは、偶然の発見であったとは言っても、筆者の熊楠に対する関心を決定づけたと言える。筆者はこの調査を通じて、熊楠が西洋人の書き残した文献を比較的安易に受け入れて採用するという「欠点」に気づいたのである。

第3章　南方熊楠と比較宗教学——在英期間初期までに読んだ文献

熊楠の民俗学的叙述には、多かれ少なかれ宗教や迷信に関する伝承が意識されているように思う。民俗の研究に迷信や宗教は不可欠の要素であるが、熊楠の場合、基本的に古代的宗教に対する関心であるように感じる。一八九二年ころから土宜法龍からの要請に応じて、当時のヨーロッパで知られている世界に存在する宗教に対する関心も加わった。筆者は世界の宗教とイスラームとの比較研究に関心があるので、宗教研究の立場から一九世紀の半ばにヨーロッパで「比較宗教学」が生まれ、注目を浴びるようになってきた点が重要であると考える。これは上述の通り、一九世紀における西洋列強、とりわけイギリスの世界制覇と関連している。熊楠自身、滞米期間においてすでに比較宗教学的著述を何冊か読んでおり、彼はこれらに基づいて法龍に報告しているのである。本章ではまず、ティーレとドレーパーの著作について、熊楠がどのように読んだかを示したい。注目したいのは、読後の時間差を認めても、それぞれの著作の執筆意図、内容が熊楠には理解されていない点である。彼にはなぜドレーパーがイスラームの事例を自著に取り入れたのか、その真意が全く理解されていないようである。当時のヨーロッパ人の間における宗教的対立、特にカトリック教会とプロテスタント教会の対立などを踏まえないと理解できないのだが、この点に熊楠は全く関心を払っていないように見える。ドレーパーがイスラームを賞賛するのは、むしろその合理的精神の故であって、それはキリスト教東方教会の影響と考えられる。もちろんヨーロッパをイスラーム化するなどという議論ではなかった。

第4章　ウィリアムズと『仏教講論』――熊楠と仏教およびキリスト教

一冊の宗教書で熊楠が最も詳細に言及し、批判しているのは、M・M・ウィリアムズの *Buddhism (Buddhism in its Connexion with Brahmanism and Hinduism and in its Contrast with Christianity*, London, 1889）であろう。彼は本書の最終章の一部を翻訳して、法龍に送っている。個人的なコメントはしないで翻訳すると述べておきながら、結局熊楠は様々な個人的見解を翻訳の過程で述べて脱線している。だが、これは我々にとって、熊楠の宗教観、ここではキリスト教の理解を知るうえで、逆に有益な脱線である。熊楠のキリスト教嫌いは周知のことであるが、それを差し引いても、当時二五歳程度の日本人知識人のキリスト教批判としてはかなり程度の低いものと言えるかもしれない。熊楠は、ユダヤ教、イスラーム、キリスト教など、セム系の一神教を好まなかったようである。絶対的神の存在に基づく神の全能を容認する神意説を極度に嫌ったが、筆者の見る限り、少なくともこの段階において彼はキリスト教の基本的教義、教派間の対立抗争、さらに宗教的信仰などについてほとんど無知であったことがうかがい知れる。さらに関連して、この時代インド学界で大きな影響力を持ったマックス・ミュラーと彼の日本人の弟子南条文雄について若干補足することによって、公費留学生と熊楠のような私費留学生の学問に対する向き方の相違を知る材料としたい。

第5章　熊楠と帰納法——ミルとベインから学んだこと、その学問の方法と「燕石考」

本書の記述は熊楠が英国に滞在していた時期にかかわっている。しかしながら、第2章で扱った「猫一疋の力に憑って大富となりし人の話」は帰国後一〇年ほど経過してから書かれたものである。さらに、彼の自画自賛の「名作」「燕石考」は、その本体が在英滞在期間に書かれたもので、帰国後いくつかの雑誌に送ったが、出版元が受け入れてくれなかったために出版できなかったいわくつきの作品である。この作品は明らかにその基盤を英国留学に持つものなので、本書ではそのように扱う。「燕石考」は「猫一疋の力に憑って大富となりし人の話」同様、熊楠の多数の寄稿文の中で、論文としての形式を整えたものであるため、趣旨、意図が分かりやすいと言えるだろう。熊楠は数百点の「論文」を『ネイチャー』誌や『ノーツ・アンド・クェリーズ』誌に投稿したが、それらの多くは「短編」であり、論文と分類されるべきものではない。ただ、論考や著述に必須とされる一定の論理に関して言うと、熊楠は明らかに当時の日本人知識人の間でよく読まれたJ・S・ミルやA・ベインの『論理学』をよく知っていた。彼は確実にこの本を読んでいた。両者の『論理学』は内容がほぼ同じであるので、どちらを読んでもほぼ同じ情報を得ることができる。元になっているのは、言うまでもなくミルである。ベインはミルの許可を得たうえで、用いられた用例を最新の状況に適合するように書き換えたのである。『論理学』の主眼は帰納法の解説である。イギリス的経験主義のいわば体系化であって、上述の通り明治維新以降東京帝国大学の学生などによく読まれていた。熊楠はほぼ確実に両者を参照していたが、ベインに関しては日記にその記述がある。熊楠は当時のイギリスでよく知られていた帰納法と演繹法、そして両者の関連に基づく推論などについて知っていた。本章ではこの点を明らかにしたうえで、熊楠のミル理解について、アナロジー論などに関連する当時流行の論理思想についてもある程度理解しており、自身の論考にも適用したことについて解説する。

第6章　熊楠の研究方法と後代の評価

最終章は、上記記述の総括である。熊楠研究が現在抱えている問題点について少し検討したい。熊楠の「学問」は全く体系化されておらず、少なくとも生物学における業績に比べて、民俗学の領域においては、彼の真意を知ることは非常に困難である。前者の業績について筆者は全くの門外漢であるので、何とも言えない。後者の人文系の領域に関しては、かなり重要な部分を捨象しない限り、この人物に対する一貫した叙述は困難であるようだ。この点で、二人の著名な研究者の著述について言及しておく必要がある。現今の「熊楠ブーム」の発端において影響力を持っていたからである。その研究者とは、鶴見和子と中沢新一である。特に鶴見の『南方熊楠——地球志向の比較学』は新しい熊楠研究に先鞭をつけた作品として非常に高く評価されてきた。多くの研究者はこの作品に影響を受けて、彼女が示した路線に基づいて調査を行った。筆者自身も初めてこの本を読んだとき、論旨の明晰さゆえに熊楠が一気に理解できたように感じたことを覚えている。しかし、その後多くの疑問点が現れるようになった。筆者にとって重要と思われるのは、鶴見の書第3章「南方熊楠の仕事」である。著者はこの章で熊楠の業績について様々な解釈と提案を行っているが、私見ではその多くはほぼ全く実証されていない仮説である。熊楠の学問における仏教の位置、幾人かの西洋人学者の著作の利用方法など、特に後者においては、本書で行った調査によって、鶴見の著作は極めて不用意で不確実な推測に基づいていることがわかる。前者について言うと、一時熊楠研究を一世風靡した「南方マンダラ」をめぐる解釈は、その後の研究者に強烈な影響を与えた。熊楠の「マンダラ」が仏教的なものか、あるいは学術的なモデルの提示なのか、筆者の調べた限りでは、鶴見はこの重要な点で徹底的な調査を行っていないように感じる。一方、中沢の著作は、ほとんど形而上学の世界に遊ぶ詩人の作品のようで、中沢の記述するもろもろの点で、氏が独自に実証的に検証した箇所が少なく、極めて主観的に自らの信条を記述している点が気になる。同時に、一九世紀末の日本において、時代に合った仏教研究がなされ、その過程で「信如」の理解をめぐって、西洋の哲学と仏教思想の融合、理解がなされた点も重要である。いずれにしても、言葉を巧みに用いて新しい熊楠像を創造することは氏の力量をもってすればさほど困難ではないかもしれない。もちろん、既存の華やかな流行理論を調査対象に適応しながら分析することは特に問題ないと考えるが、あまり根拠のない実証性を欠いた記述は、現実とは乖離した熊楠像を描き出すことになった面がある。ほかの研究者を非難することは本書の目的では全くない。したがって必要以上に紙幅を費やすることは本意ではない。ただ、上述の著者の作品は、熊楠像を実体からかけ離れたものにした点で多少責任があると考えるのである。これが最終章の内容である。

以上が本書の内容である。繰り返すが、熊楠が興味を示した分野はあまりにも広く、その仕事は不完全で、体系性を欠いているため、その全貌をとらえるのは至難のわざである。ただ、彼の「学問」の形成期にあって、米英両国で過ごした時間は知の蓄積にとって決定的に重要であった。特に、英国ロンドン滞在期間は、熊楠の学問の特徴を作り出した点で、際立った重要性を持つことは疑いないと考える。この意味で、熊楠の英国時代の学問の方法について極力実証的に証明・説明することは、とかく誇張された熊楠像を等身大に戻したうえで理解することに資するだろうと期待する。

第1章 南方熊楠が語る自らの生涯と一九世紀のイギリス

和歌山に移住してからほぼ三〇年になる。家内の実家が和歌山市内にあったので、この地へ引かれてしまったといえる。この町に住みだして一番印象的であったのは、町中の道路が広く、建物が全体に低いということであった。幹線となる道（けやき通り）は非常に広く、JR和歌山駅から西に向かってほぼまっすぐ城の方に伸びている一方で、居住区の細い道はまっすぐなものがほとんどなく、妙に湾曲している。筆者はいまだに市内の小道に入ってしまうと、東西南北がわからなくなってしまう。道が広く、建物が低いのは大戦で米軍の空襲にあったためであることは、やがて分かった。したがって、今の市街地ができたのは大戦後の事であり、旧城下町の趣をあまり感じないのはそのためである。シンボルのお城も焼け落ち、戦後市民の寄付などを仰いでコンクリートの城が再建された。現在は七

和歌山城を望む（筆者撮影）

〇年の年月を経たので、外観は見事な威容を見せており、多くの市民の憩いの場となっている。

しばらくこの町で生活を続けるうちに、南部の温泉地を訪れることが多くなった。同時に紀伊田辺や新宮の歴史的名勝の地をしばしば訪れるようになった。その過程で、白浜の南方熊楠記念館にも足を運ぶようになった。もともとこの人物に特に関心があったわけではなく、たまたま白浜に行ったときに道に迷ってたどり着いたのが真相である。筆者はむしろ隣接する京都大学の水族館の方に関心があったほどである。それ以前から熊楠の名前くらいは知っていたし、何冊か本も読んでいたように思う。ただ熊楠という人の具体的活動や業績はほとんど知らなかった。いろんな人から和歌山が生んだ偉人、あるいは「世界一統」という日本酒の製造元がどうやら実家らしいなど、いろいろと情報が入るようになった。筆者が熊楠について本格的に調べるようになったのは、大学でこの人物を研究テーマとする学生が現れたためである。今世紀に入ってからのことである。熊楠生誕の地、また幼少期、少年時代を過ごした地域は、和歌山城の北方、徒歩で二〇分もかからないところにある。戦前を彷彿させる建物は残っていないが、寄合橋や昔の運河の遺構など、戦前を感じることができる。湊紺屋町と寄合町と呼ばれる海に近いところである。彼が通った小学校や、孫文を宿泊させた旅館など、現在は残っていない。「世界一統」の本社は同じ区域にある。

1　南方熊楠の経歴

熊楠の生涯については、これまで多くの伝記が書かれてきた。初期のころに書かれた荒唐無稽な記述や、近年の出版物を数えれば相当な数になると思う。手始めとして『南方熊楠　人と思想』飯倉照平編（平凡社、一九七四）などを読んでおくと便利である。ただし、これまで出版された研究書の分析は本章の目的では全くない。そうではなく、熊楠伝の基礎資料の中で出色の資料として、彼が大正一四年に大阪在住の矢吹義夫に送った長編の「履歴書」があるので、これを用いて熊楠自身に自分のことを語らせようというのが狙いである。矢吹義夫とは岩崎弥太郎が創設した日本郵船大阪支店副長であった人物である。日本郵船などは日清・日露両戦争の間に遠洋航路を開発することによって大発展を遂げていた。熊楠はこのころ、自らの生物学研究所の設立のために寄付金を獲得することに奔走していた。資金獲得のために東京に五か月間も滞在していたほどである。この研究所設立の趣意書には、高橋是清、大隈重信、徳川頼倫《よりみち》などの錚々たる名前が連ねられていた。実は献金は想定していた

小畦四郎（右）と、大正9年高野山一条院にて

金額に到達しておらず、矢吹への書簡も資金を得るために彼からの求めに応じて「履歴書」を書いたのである。ただ誤解を招かないように、ここでこの「履歴書」が書かれた経緯について簡潔に記す必要がある。実は前年の大正一三年一一月二九日に熊楠は矢吹に別件で手紙を送っているのである。その頃、矢吹の勤務する日本郵船は、関連会社の日本紡績会社の関係者に記念品を贈呈する計画であったが、これに関して「紡績」に関連のある「綿の神」について知りたがっていた。この日本郵船側の依頼を熊楠に知らせたのは熊楠の信奉者であり、物心両面のサポーターでもあった小畔《こあぜ》四郎（一八七五〜一九五一）であった。熊楠の帰国後の半生において小畔の果たした役割は極めて注目すべきであるが、「履歴書」の後半で二人の出会いその後の関係などについて、熊楠自身述べている。ともあれ、熊楠はこの「綿の神」に関する解説の要請を承諾するが、返信の前半において「綿の神」とは無関係の事項、植物研究所への寄付の依頼や身内との金銭的トラブルの問題などを、かなり不躾に書いている。その後で主題の質問に答えるのであるが、このように本題になかなか到達せず、紆余曲折を経る手法は、いつもの熊楠のやり方である。この文書自体かなり長編の説明で、手短に言えば、「綿の神」というよ

うなものはわが国に存在しないが、織物に関する神はある。それは福岡県に本社がある宗像神社の神と奈良県桜井の三輪神社の神である。ただし、三輪は海とは無縁の地であるために、日本郵船が贈呈する記念品については、海運にちなんで海の見える宗像神社の方がよかろう、という内容であった。この手紙の後、矢吹から熊楠の簡単な履歴を知りたい、という申し出があったので書かれたのが、件の「履歴書」であった。

こうして書かれた「履歴書」は通常我々が考える履歴書とは全く異なり、あるいは我々が今日知っている履歴書とは違って、時系列に学歴、職歴を並べるたぐいのものではなく、いわば自伝風の「自己アピール」であった。ただし、一貫して自己アピールされているのではなく、あちこち主題からの脱線、逸脱、自慢など、例の細かい字で、およそ七メートル七〇センチにも及ぶ「大作」であった。今日のように学歴が主流の履歴書で要求されるような正式の学業終了記録（修了書）のない熊楠に書くことは少ないだろう。その意味で、この「履歴書」は非常にユニークというか、破格の「履歴書」であった。

本章では、そこに連綿と記された記述の正誤はあえて詳しく詮索せず、熊楠の述べる「自身の生涯＝履歴」を紹介しようというだけである。彼の生涯を論じるのに不可欠な重要性を持つ書簡であるので、研究者でこれを用いない人はまずいないだろう。上記の通り、内容の正誤はさておき、熊楠が自分について語っている貴重な資料であることだけは確かである。筆者にはとりわけ熊楠の世界観や価値観、宗教観などが割合率直かつ無防備に吐露されているような気がするので、この書簡について触れておくことはのちの章の記述を理解するために必須であると考えるのである。

大正一四年は、熊楠が自身の研究所設立のために奔走していた時期に当たり、この書簡もその必要に応じて書かれた、と述べた。ある意味でPR書簡なので、自身の「業績」に関して誇張や潤色があるのはある意味仕方がないだろう。さらに、熊楠自身の記憶や事実誤認も少なからずあるようなので、筆者は基本的にこの資料を熊楠の世界観や価値観を知ることに主眼を置き、細かい事実関係の確認資料とはあまり考えていない。

加えて、本章の後半で一九世紀のイギリスの歴史を説明するのは、思想や社会の研究において時代の条件、社会、経済、政治を知ることが必須であるためである。熊楠が九年ほど過ごした一九世紀末のイギリスを世界史の中でどのようにとらえるべきか、筆者が若いころに学んだ英国のアジア諸国（特に中東諸国）に対する帝国主義的進出の流れの中で概観したい。特に、本書のタイトルとなっている「熊楠と猫とイスラーム」を知るうえで、当時世界最強の国イギリスに流入していた莫大な量の情報の性格を知る意味でも重要である。多くの現地報告は英国という巨大な力の立場から見て、それを多かれ少なかれ擁護、正当化する内容であったことは言うまでもない。熊楠は世界中のあらゆる地域でイギリス人を中心とする侵略者、あるいは冒険家が英国にもたらした情報をかなり自由に利用できる、当時の日本人にはどれほど強く望んでも簡単には獲得しえない好条件のもとにいた。ただし、批判的に扱わないと、それらの情報はバイアスに満ちていたため、極めて危険である。熊楠にそれらを批判的に活用しろと言っても無理な話で、彼は当時の最新情報に関する資料をほぼ無批判に嬉々として読破していたのであった。

では、熊楠の自伝を繙いてみよう。熊楠によれば、この「履歴」は伊吹からの要請に応じて、「これを世に公にして、同情に訴えらるる由」があったという。両者の仲介に入っていたのは、熊楠の「弟子」小畔四郎であったことはすでに触れた。これ以前にも熊楠の友人、知人たちが彼の伝記を書いたが、熊楠の正当な評価という点ではさしたる価値のあるものではなかった。むしろ「奇人」伝説を醸成する元凶となった。本書簡が書かれる六年前に発行された雑誌『日本及日本人』では、宮武骸骨、小川定明とともに「大正の三鬼才三奇人」にされてしまった。熊楠は「これらは何れも小生を通り一遍に観察せし人々の出たらめにて、左様不思議な人間に無之候」と述べて、これから書く履歴こそが真正の履歴であるように述べている。繰り返すが、このこと自体眉唾物なのであるが、とにかく本人はそのように述べている。

熊楠は慶応三年（一八六七年）、四月一五日に和歌山市橋丁に生まれた（のちに寄合町に移転した）。父親弥兵衛（のちに弥右衛門）は、和歌山市の南六〇キロメートルの日高郡の小さな村の庄屋の次男として生まれた。寒村の庄屋の息子として一生を終わるもつまらぬと考え、近隣の御坊の町の豪家に丁稚奉公に入った。この町には「安珍清姫」の物語で知られた道成寺がある。ところで、熊楠という人格において、筆者の見る限り彼が心から尊敬する人物はあまりいなかったように感じるのであるが、この父親だけは別格のようで（他に、中学時代の恩師、鳥山啓《ひらく》などが想起される）、書簡や日記などに父親に対する畏怖、畏敬、情愛のような心の底からの尊敬のようなものを吐露している。この意味で、熊楠の生涯の説明において父親の生きざまについて少し触れる必要がある。

熊楠の父は、御坊の町をやがて離れ、和歌山市の清水という家の番頭として長く務めた。主人が亡くなって後、若い息子を支えて一人前にしたのち、自らは南方という家の入り婿となった。南方家は雑賀屋と言って、以前は非常に羽振りの良い家であった。しかし、弥兵衛が婿入りしたころは家運傾き、老母と娘のみ残っていた。同家には男子がいたが早逝していた。この人物の遺品として書物が残されていて、熊楠はのちにその書物を用いて学問を開始したという。雑賀家の娘には夫がいたが、やがて亡くなり熊楠の父弥兵衛は望まれ、後夫になった。当時、農民の子が商人になることは簡単ではなく、状況を見計らっての判断であった。弥兵衛は雑賀屋の持ち物を整理、処分して一三両を手にした。この時、弥兵衛は雑賀屋が先祖代々あがめてきた仏壇も処分しようとしたが、義母と嫁が手を合わせて嘆願するので、仏壇だけは処分しなかったという。その仏壇には、大日如来の像が安置してあって、非常な名作であった。この仏像のみは、熊楠が「履歴書」を書いた時点において弟常楠の家にあったという。筆者の知る限り、時系列的に言って南方家の宗教、信仰に関する最初の記述となる。南方家の宗教は、大乗仏教の真言宗であった。

さてその後、弥兵衛は商売を始めるがうまくいかず、やがて義母と妻はなくなり、前夫と自身の子供たちとも無縁となった。その折、茶碗屋の主人の妻の姪であったが、見目麗しく、家政の技術にもたけた女性に心を奪われ、弥兵衛はこの女性と結婚する。これが熊楠の母親である。この結婚以降、南方家は大いに栄え、和歌山のみならず、関西でも有数の富家となる。新しい妻の内助の功もあって、さらに時は明治一〇年（一八七七）西南の役が始まり、大いに儲かったという。最初は金物屋（熊楠はしばしば卑下して鍋屋という）、明治一一年ごろからは米屋を兼ね、のちには金貸しを行っていた。前妻の子供たちなど、関係者とは連絡は途絶え、後妻との間には多くの子供がいたが、男四人、女一人が成人した。熊楠は二番目の子供であった。

この簡単な履歴からわかることは、南方家は封建的な時代がとりあえず終わって、明治維新の新しい時代を迎える中で、日本が文明開化を経てアジアの先進国として、ヨーロッパで進行していた資本主義経済への流れの中で成り上がった「新興ブルジョアジー」であった。西南戦争は典型的な出来事で、古い武士の価値が崩壊して、新しい日本が始まろうとしていた。その変動の時代の日本において、和歌山県で一、二を争う富豪であったというから、短期間で大成功を収めたことになる。弥兵衛の行動にはその階級の特徴がよく表れている。自身の資産の運用と永続化を図るために、男子子孫の性格を分析することによって、資産の配分を図ったのである。放蕩癖のある長男（藤吉）、金の運用には不向きな次男（熊楠）、経営と財を管理する能力に優れた三男（常楠）と四男（楠次郎）という風に

寄合橋から北の水路を眺む（左側中ほどの白い建物が世界一統本社）

湊紺屋町、寄合橋

（ほかに女子くまがいた）、子供たちの性格を冷静に見積もったうえで、対応を講じている。つまり、死の三―四年前、資産の半分は長男に、残りを五等分して次男、三男、末弟さらに娘に与えた。そして、父としての持ち分を三男、常楠に与えることによって、当時資産家のとった常道の資本投資一つであった酒造業を行うこととしたのである。この時点で弥兵衛は弥右衛門を名乗るようになる。この判断は、常楠が「謹厚温柔な人物」と考えたためであり、弥兵衛は三男の家を本家としてほかの兄弟たちを帰依させた。案の定、長男の藤吉は受け取った資産を使い果たし、ついには行方知らずとなる。次男（熊楠）は幼いころから特異な知的才能を発揮していたために父親の期待は大きかったようであり、この息子には学問の道を進ませた。この遺産が熊楠の海外での学資金となったことは言うまでもないが、のちにいろいろな問題が生じた。ともあれ、父親の見込みは当たり、常楠のみ、家督を受け継ぐ責務を果たしたのである。南方家の始めた酒造は現在も「世界一統」の銘柄で知られている。この名称は、常楠が学んだ早稲田大学の創設者、大隈重信に命名してもらった。本社は和歌山市湊紺屋町にある。熊楠が生まれた区域からほど近いところにある。このように、熊楠が海外で「留学」していたころの南方家は、相当に羽振りの良い有力家であった。熊楠は実質的にこの親の資産を頼って海外での生活を送ったのであり、いわゆる私費留学生であったことになる。この点については、第4章でほかの公費留学生との相違を簡潔に述べる予定である。

筆者は本書執筆以前から熊楠の生地湊紺屋町付近を何度も歩いてみた。既述の通り、和歌山市は太平洋戦争で焦土となったため、戦前の遺構はあまり残されていない。ただし、和歌山城の基礎の部分の遺跡や、街のあちこちにみられる石造りの外堀の遺物は今も残されている。湊紺屋町は、熊楠が通った学校などがあった場所である。今はすべてなくなっている。ただ、南方家の南方酒造本社が今も残っているのみである。したがって、熊楠の幼少時代の町をフィールド調査することはなかなか困難であるが、古い石造りの運河、石橋などの遺物にわずかに時代を感じるだけである。

さて、熊楠は明治六年、湊紺屋町に新しくできた雄《お》小学校に入学した。まもなく熊楠の伝説的記憶力が発揮された出来事が起こる。八歳のころから友人の家にあった『和漢三才図会』を読み、暗記したうえで家に帰り、それを反故紙に筆写した。結局同書一〇五巻をすべてこの方法で写し切ったというのである。常人には想像もできない離れ業であるが、現物が白浜町の南方熊楠記念館に保存してあるので、動かぬ証拠というしかない。ただ、最近の研究によると、実は熊楠は同書を暗記したのではなく、現物を後に借りたうえで筆写したという。ここでも熊楠伝説は崩れている。いずれにしても、

世界一統本社南東隅にある熊楠案内文

熊楠の学習方法の基本である「筆写」は小学校入学後まもなく始まったと言える。もちろん、古今を問わず書物が手に入りにくかった時代において、書写は学問の基礎であったことは言うまでもない。江戸時代においても多くの知識人、学者たちは国中をめぐって珍本稀本を求め、それを筆写した。熊楠は上記の書物に相前後して、『本草綱目』『諸国名所図会』『大和本草』なども筆写したという。

中学校に入るまでに漢文もモノにしており、「漢賦、海の賦を、一度師匠の読むを聞て二度目よりは師匠よりも速やかに読む」などと自慢している。中学に進んでからの成績は芳しくなく、その理由を「学校にての成績は宜しからず。これは生来事物を実地に観察する事を好み、師匠の言うことなどは毎々間違い多きものと知たるゆえ一向傾聴せざりしゆえなり」と述べている。一見して扱い難い学生であったことが知れる。この言葉が如実に示すように、熊楠の生涯を通じて変わることがなかった性質であって、本書で繰り返し述べるように、彼は「生来事物を実地に観察することを好む」人間であって、形而上学には全く無縁の人間であった。同様に、熊楠はキリスト教を毛嫌いしていた。詳しくは第4章で扱うが、存在するのかしないのか「実地に観察」できない神の存在、特にキリスト教の神意説を受け入れることができなかったようである。同様のことは大学予備門を中退して後海外「留学」を果たすが、アメリカでの授業について「履歴書」の中で次のように書いている。

明治十年に中学を卒業せしが、学校卒業の最後にて、それより東京に出で、明治十七年に大学予備門(第一高中)に入りしも授業などを心にとめず、ひたすら上野図書館に通い、思うままに和漢洋の書を読みたり。随て欠席多くて学校の成績宜しからず。十九年に病気になり、和歌山へ帰り、予備門を退校して、十九年の十二月に桑港(サンフランシスコ)へ渡りし。商業学校へ入りしが一向商業を好まず、二十年にミシガン州の州立農業に入りしが、耶蘇教をきらいて耶蘇教義の雑りたる倫理学などの諸学課の教場へ出でず、欠席すること多く、ただただ林野を歩んで、実物を採りまた観察し、学校の図書館にのみつめきって図書を写し抄す。

熊楠のキリスト教嫌いはよく知られているが、第4章で検討するように、キリスト教倫理の精髄とされる「山上の垂訓」(マタイによる福音書第五章~第七章、ルカによる福音書第六章一二節~四九節を参照)に関してコメントをしている。後述するように、そのコメントの多くは、熊楠の知識の不足を露呈するものである。

話は相前後するが、熊楠は明治一六年(一八八三)、和歌山中学を卒業して上京、神田の共立学校

熊楠の父弥兵衛

に入学、さらに翌年七月、大学予備門に合格、九月に入学した。このようにして熊楠は当時の最高エリートの道、東京帝国大学を目指すことになるのだが、この間の事情は上記の通り、最終的には脳漿を患い、予備門を中途退学することになった。そして明治一九年（一八八六）意を決して、一〇月アメリカ遊学の途に就くのである。アメリカでは最初商学を学ぶが、上記の引用にあるようにこの種の学科には全く関心を示すことはなかった。もちろん、この遊学あるいは留学には父親の希望が反映していたと思われるし、最初からわけのわからない分野を学ぶのでは、留学許可すら下りなかったであろう。最近、熊楠の在米期間における「学問」的活動に注意を払う必要性が唱えられているが、筆者の見たところ、この時期の彼の学問は、将来への準備期間であったとは言えても、学問らしい学問的活動は行っていないように感じる。いずれにしても、アメリカでの活動に見切りをつけ、明治二五年（一八九二）九月、ニューヨークを立ってロンドンに向かった。この年、彼の知る由もなく、父親弥右衛門は逝去した。熊楠が父の訃報を知ったのはロンドンに到着してからである。

熊楠の父親に対する尊敬の気持ちは彼の著述のあちこちに観察できるが、「履歴書」の中で次のように父弥右衛門について述べている。

この亡父は無学の人なりしが、一生に家を起せしのみならず、寡言篤行の人にて、その頃は世に罕なりし賛辞を一代に三度迄地方庁より受けたるなり。死に臨みしとき、高野山に人を派して、土砂加持を行いしに、生存の望み終たりと僧等が申す。また緒方維準氏を大阪より迎えて見せしに、これまた絶望との見立なりし。その時天理教はやり出せしときにて、誰も天理教徒に踊らせて平癒せり、某は天理王を拝してまた健やかなりなどいう。出入りの天理教を奉ずる者試みに天理教師を招き祈り踊らせては如何といいし。亡父苦笑して生る者必ず死するは天理なり、いかに命が惜ければとて人の死せんとする枕頭に唄い踊るようのものを招きて命の延る理あらんや、誰も免れぬは死の一事なりとて一同に生別して終られ候由。

これに引き続いて、熊楠はアテネの賢者ペリクレスの臨終のエピソードに触れ、このギリシアの偉人は延命のためなら守り札など何の価値もないと言いながら、万一身に着ければ効果があろうと身に帯びていたというが、「偉い人の割りにずいぶん悟りが悪かったと見え申し候」と述べて、これに比べて自らの父親は「悟りの良かった事と思う」と父親の死生観をほめたたえている。

この箇所は熊楠の死生観を知る上で非常に意義深いと思う。熊楠がどの程度真摯な真言宗の信徒であり、仏教的信念を保持していたかはわかりにくいものの、物事をありのまま、存在を観察したり接触したりできる場合においてのみ実体として受け入れるという態度は、親譲りなのか、あるいは自らの死生観を親の生きざまに関連させて解釈、適応したのかは不明であるとしても、熊楠の一生涯貫かれた死生観がみられるよう思う。一般にこのような死生観、人生観を持つ人物は物理的世界の彼方にあると考えられる形而上世界の理解に関心を示すことはなく、神や霊魂などの存在に関しても「合理的」説明を試みる場合が多い。西洋の哲学者にはそのようなタイプの人が散見されるが、熊楠はそれらの西洋人とは異なり、合理的、体系的に形而上的世界を説明しなかったようである。この点は最終章において言及する。

2 英国留学時代

さて、英国にたどり着いた熊楠は、アメリカ在住中にも様々な文献を読破しており、アメリカでの足掛け六年間に後の学問の準備がなされたことは十分に予測できる。しかし、実際に彼の学問が本格化し、その形を整え始めたのは明らかにイギリスに渡ってからのことである。疑いなく彼はイギリスを愛した。この国には、後述するように当時世界で最先端の新しい、珍奇な情報があふれていた。少なくとも彼の民俗学的研究の基礎資料の多くがこの時期に収集され、のちに活用された点は疑念の余地がない。イギリスがこの時代「ヴィクトリア時代」を謳歌して、「太陽の沈むこと」のない大帝国であったことは言うまでもない。熊楠が到着したころには多少の国力の衰えが感じられ始めていたとはいっても、依然として世界最大の繁栄と文化、国力を誇っていた。熊楠がこの国で学問を目指すのにには十分な理由があったと言える。次節でこの時代のイギリスの状況を解説する前に、もう少しイギリス滞在中の熊楠について述べておきたい。

「ロンドンに在し事九年、最初の二年は亡父の訃に損して大いに力を落し」さらに長兄と弟常楠の間で生じたいざこざなどで、ほとんど集中できない状況であったように、熊楠は記している。つまり「最初の二年」とは、彼がロンドンに到着してから、大英博物館で蔵書を自由に読むことのできるようになった期間にほぼ当たると思われる。さらに、一八九三年の末には、土宜法龍との出会いがあるなど、熊楠にとっては運が好転し始めた時期に当たるのかもしれない。同時に、ちょうどこの時期に熊楠は最初の『ネイチャー』への寄稿文「東洋の星座」(The Constellation of the Far East) が発表された。これらの出来事は、プリンス片岡という人物との出会いに端を発する。片岡は熊楠によれば怪しい人物ではあったが、英語の達人であって、かつて自らの骨董店をハノーヴァー・スクウェアーに持ち、大英博物館の重要人物にも知り合いがいた。片岡の紹介で博物館長のサー・ウォラストン・フランクスと知り合えたことは、熊楠にとってはまことに幸運であった。もともと受け入れてくれる大学はな

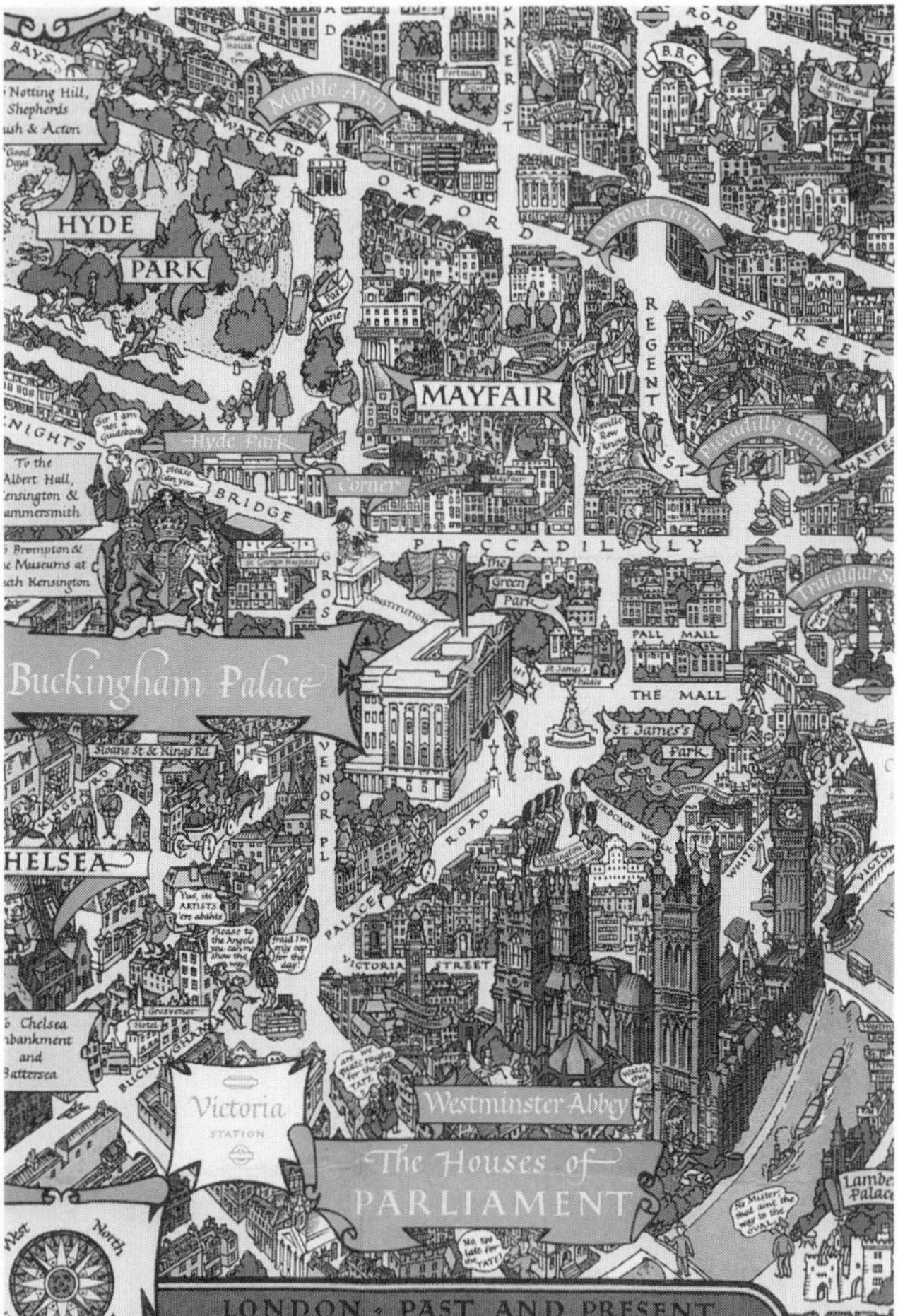
HYDE
PARK
MAYFAIR
Marble Arch
OXFORD
Oxford Circus
REGENT
STREET
Piccadilly Circus
PICCADILLY
Hyde Park
Corner
Buckingham Palace
The Green Park
PALL MALL
THE MALL
St James's Park
Trafalgar Sq
HELSEA
Victoria
STATION
Westminster Abbey
The Houses of
PARLIAMENT
VICTORIA STREET
LONDON · PAST AND PRESENT

ロンドン中心部（絵葉書）

く、後見人もいない勝手気ままなイギリス滞在であったので、少なくとも落ち着いてマイペースで勉強し、何より調査資料を手に入れる場所が必須条件であったことは言うまでもなかろう。もとより地位や学位が保証された身分ではなかったとは言っても、大英博物館に出入りできるというこの好条件は熊楠にとって願ってもないことであった。

高齢のフランクスは、上記の「東洋の星座」に関する寄稿文の校正をしてくれたばかりか、若造の熊楠を食事に招待までしてくれた。

英国学士会員にして諸大学の大博士号をいやが上に持たるこの七十近き老人が、生処も知れず、たとい知れたところが、和歌山の小さき鍋屋の倅とうまれたものが、何たる資金も学校席位も持たぬまるで孤児院出の小僧如き当時二十六歳の小生を、かく好遇されたるは全く異数の事で、今日始めて学問の尊ときを知ると小生思い申し候。それより、この人の手引きで(他の日本人とかわり、日本公使館などの世話を経ずに)直ちに大英博物館に入り思うままに学問上の便宜を得たる事は今日といえどもその例なき事と存候。…中略…この大英博物館におよそ六年ばかりおりし。館員となるべく色々すすめられたれども、人となれば自在ならず、自在なれば人とならずで、自分は至て勝手千万な男ゆえ辞退して就職せず、ただ館員外の参考人たりしに止まる。その間だ、抄出、また、全文を写しとりし、日本などでは見られぬ珍書五百部ばかりあり、中本大の五十三冊に渉り、それをとじた鉄線がおいおい錆るには、こまり切り候。

ここで改めて確認しておくが、私たちが今見ている「履歴書」はあくまで熊楠が自身の植物研究所設立の資金を得るために大阪の富裕な人物に送ったもので、ほんらい自己PRを目的としている。したがって、これを読むとき誇張や歪曲に注意しながら読む必要がある。一々指摘すればきりがないが、「何たる資金も学校席位も持たぬまるで孤児院出の小僧如き当時二十六歳の小生を」などの記述は熊楠独特のレトリックであって、鵜呑みにはできない。その一方で、上記引用の箇所においては、自己PRを行うと同時に、彼が帰国後も愛してやまなかったイギリス、あるいはイギリス人に対する、熊楠の本心のようなものを垣間見ることができる。

後述するように、当時のイギリスは少しずつ以前の威光に陰りが見え始めてきたとは言っても、依然として世界最強の帝国であった。特に、進化思想の影響もあってアングロ・サクソン至上主義、白人至上主義が存在した。そのような環境で外国人、特に劣等とみなされた有色人種や非ヨーロッパ系の人々が活動するには、必ずしも良い条件ではなかったと言える。二一世紀の現在ではかなり人種差別意識が軽減したとは言っても、アメリカをはじめ、世界中に様々な差別が存在する。これを踏まえたうえで、熊楠が受けた待遇を考えると、フランクスの示した親切はわれわれの想像を絶するほどの感動があったに違いない。フランクス以外にも何人かの博物館員との親交は、生活と学問の場としての良きイギリスを熊楠の内面において形成していたに違いない。熊楠は帰国後も田辺でステーキとビールを愛好するなど、英国で身に着けた生活習慣を続けていた。

こうして熊楠と大英博物館との関係が始まったころ、相前後して世界では極めて重大な事件が発生した。日清戦争である。周知のとおり、この戦争はアジアの大国清帝国と日本が朝鮮半島の独立をめぐって開戦した事件である。大方の予想に反して、一八九五年日本は清国に対して勝利を収めた。日本が明治維新から先進欧米諸国に留学生を派遣し、お雇い外国人を多数登用、殖産興業政策などを通じて産業の育成を図り、特に軍事力の増強に力を注ぐなど、開戦前夜には近代的産業の基盤がほぼ整っていたため、日本の勝利はある程度必然的であったと現在は評価される一方で、大国中国は一九世紀半ば以降、イギリスを中心とする西洋諸国の半植民地政策によって、国としてのまとまりが取れていなかったとされる。一方、日本にとってはほかのアジア諸国の現状を見る限り、同様の植民地の地位に陥落しかねない危険性があったため、特に伝統的に不凍港を求めるロシアが朝鮮半島に影響力を持つことを警戒していた。したがって、日清戦争の勝利は一〇年後の対ロシア戦争の前哨戦であったとも言える。いずれにしても、この勝利によって、日本は多くの領土とともに膨大な額の賠償金を獲得したため、その大半をさらなる軍備の拡張に用いることになった。こうして日本は戦後初めて植民地を持つ帝国の仲間入りを果たしたのである。

日本と清国の開戦は言うまでもなくロンドンにも伝えられており、一八九四年九月の黄海海戦勝利の報は在英日本人に伝えられ、ロンドンでは戦勝祝賀会が催された。熊楠はこの時パーティーには参加しなかったようだが、一ポンドの献金をしている。ロンドンの町を歩いていて、しばしば「中国人」と呼ばれた熊楠にとって、おそらく民族主義的な意味で何らかの抵抗意識が生じたであろうことは容易に想像できる。言うまでもなく、この勝利によって日本の世界、特にアジアにおける威信は高まり、世界の注目を受けるようになる。その結果、一九〇二年、国際的に、少なくともアジアにおけるその地位が承認されたと考えることのできる日英同盟が締結されることになった。この流れが日本にとって長期的に幸いであったかどうかは別問題であるとしても、明らかにこの時期日本の国威は急上昇し始めたのである。在英日本人にとってもそれは同じであったと思われる。

熊楠はこのようにして大英博物館で当時の世界が抱えうる限りの情報群に接する機会を得たのであった。彼が残した日記、と言うより備忘録によれば、各日の記述はさほど詳しくないものの、この時期に熊楠がどのような日々を送っていたかを伺い知ることができる。彼が博物館内で悶着を起こして施設使用禁止処分されるまでの数年間は、ほぼ博物館での筆写作業に明け暮れている。研究者の間で「ロンドン抜書」として知られる、膨大な抜き書き文書が生まれることになった。一八九七年一一月の殴打事件、九八年一二月の多分飲酒を伴う英国夫人との悶着などの結果、大英博物館を追放された熊楠は。その後もサウスケンジントン美術館などで出国の直前まで筆写を続けている（一九〇〇年七月一日まで）。

この抜き書きについては、松居竜五が『南方熊楠——複眼の学問思想』において整理した抜き書き目録を付録として巻末に掲載している。そこに見られる書物や文献のタイトルを検討してみると、およそ一〇〇〇のタイトルの内容は多様であるが、全体としての傾向性があることがわかる。専門の研究領域である植物学とともに、動物学、さらに医学関連の文献がみられる一方で、旅行記、地誌、歴史関連の資料が極めて多いのが特徴である。総じて、熊楠は博物学的関心を持っていたことが判明するが、資料の扱う地域は世界中に拡散している。ただこの点については後述する通り、やはり当時のイギリスが世界規模で進めていた植民地政策と関連が強いのであって、インド、中国は言うまでもなく、東南アジア、中東の国々地域に関するものが多くみられるのは、決して偶然ではないと思われる。筆者の専門分野で言えば、Vambery, Armin, *Sketches of Central Asia*, London, 1868, Jean Chardin, *Voyage en Perse*, Paris, 1711, Edward William Lane, *An Account of Manners and Customs of the Egyptian*, London, 1871などはなじみの文献で、最初の書物は平凡社の東洋文庫に翻訳の形で収められているし、最後のレインの著作は、大川周明が『回教概論』で幅広く参照している。本節に引き続いてイギリスと中東地域の関係を概説するが、エジプト、ペルシア（イラン）などの国、地域に関して当時の大英帝国が持っていた利権、利害との関連で眺めるとき、納得できるのである。

ところで、熊楠が筆写した資料に旅行記が多い理由は、彼自身世界中の未知の地域について学ぼうとしたことは言うまでもないとしても、旅行記の中に盛られた様々な民族の文化、慣習、伝統などを直接訪れずして手に入れることができた点にある。もちろん主なる動機に生物に関する情報収集があったことは疑いの余地はないとしても、多くは「民俗学」に関するものであった点は明らかであろう。ただ、この方法はのちに批判するように文献を用いた研究の致命的欠点であって、この分野の研究においては実地の調査が絶対不可欠であることは言うまでもない。さらに筆者が問題にするのは、旅行記の作者は様々であっても、やはり多かれ少なかれ大英帝国の軍事・政治・経済的支配の目的に利用される内容を含んでいて、程度の差こそあれバイアスがかかっていた点は否定できないであろう。もちろんこれは時代の特徴の反映であるので不可避的であるとはいえ、それらの情報を無批判に鵜呑みしてしまうのは別の問題である。第2章で批判するように、熊楠は当時入手出来た資料をほとんど史料批判せずに用いて立論する傾向が観察できる。この点については、熊楠自身欧州列強が世界中で植民地主義的帝国主義支配を展開していたことについて批判していること、さらに彼自身アジア人である日本人であったことを考慮すれば、当時の世界情勢について全く無知であったとは考えにくいため、彼の批判精神に関して疑いが残る。

もう一つ「ロンドン抜書」の特徴を指摘すると、宗教関連の書物は散見されるが、哲学・思想に関する書物、資料がほとんどない点である。もちろん、顕彰館に保存された本人の蔵書中には多くの宗教、社会、思想に関する書籍や雑誌が残されている。本書で熊楠が当時の宗教をどのようにとらえていたのかを具体的に検討するが、熊楠にとって宗教とは人間の実存に関連する活動領域である「信仰」とそれに基盤を持つ思想、哲学、価値観というよりは、儀礼や社会的慣例と関連する文化現象としてとらえられている印象がある。本章の冒頭で南方家の仏教、すなわち真言宗との関係について簡単に触れたが、父親同様、熊楠は実体としてとらえにくい宗教的信仰、形而上学的思惟にはほとんど関心を示していないように感じる。もちろん、宗教研究として特に問題はないのであるが、キリスト教やイスラームなど普通の宗教と比較検討する場合、難解な問題が生じることになるだろう。特にキリスト教やイスラームのような絶対的唯一の神の存在を主張する宗教についてそうであるが、真言宗の基礎教義、たとえば「仏前勤行次第」などを見ると、そこで教える基礎教義は前記の両宗教と多くの点で共通点を持つことが分かる。大日如来の位置づけ、十善の戒め、懺悔の心などに共通項が多いように感じた。第3章、第4章でイスラーム、キリスト教徒との比較検討を行う際に、この点に関して詳述する。

熊楠はおよそ五年間、この筆写作業を続けた。ロンドン日記では日付が確定できないようだが、一八九五年四月一七日あたりから毎日博物館に通うようになったという。なにやら執念めいたものを感じるが、彼が筆写を続けた理由は、すでに記したように筆写は古今東西、書物が極めて貴重な時代において、伝統的な学習の方法であったこと、さらに熊楠の場合は子供の頃からの習慣であったことや、英語を中心に外国語を学ぶ手段として、さらに自らの研究に有益な情報を筆写して帰国後研究に用いるなどにあった。このような方法は現代人から見ればまことに時間つぶしの無駄なやり方に見えるが、むしろ現代のようにパソコンに覚えさせた情報をもって情報が管理できたと考える方が不自然である。なぜなら、知識、情報は人間が自身の五感を駆使して自家薬籠中のものとするものであるからだ。「知識」の定義にもよるが、人間がいかに生きるか、人生の意味などに関する最終判断が機械によってなされる状況の方が不思議である。いずれにしても、熊楠はこの「ロンドン抜書」を帰国後広範に用いている。どの程度の分量を一日に筆写したかについては、大英博物館を追われてからのことであるが、熊楠は一九〇〇年四月一六日に四二ページ筆写したと日記に書いている。この日は会いたい人に会うことができず、図書館に何回も戻って九時間書いたというのであるが、真に筆写する必要のある資料であるのか、単なる時間つぶしなのか、あらかじめ定めていた筆写計画に従っているのか、筆者には不明である。その書名はF. Ratzel, *The History of Mankind*で、「北極人及黒人の処」だと言う。この期間においても、『ノーツ・アンド・クェリーズ』に寄稿を継続しており、この点でも熊楠の鬼気たる執念のようなものを感じる。もちろん大作ではないが、雑誌に自分の名前が出ることが生きがいだったかのように感じる。

少し「履歴書」から離れて熊楠の研究生活を解説したが、ロンドンで八年（足掛け九年）ほど滞在した期間に、さらに、帰国後において、熊楠はいくつかの自慢すべき作品と学術活動があったことを述べている。それらのタイトルを列記すると、

①東洋の星座（処女作）（一八九三年十月）
②拇印考
③丸（一九〇七年八月）
④シュレーゲルとの論争（外国人研究者を学問で打ち負かした。松居竜五『南方熊楠一切智の夢』朝日選書430、「落斯馬《ロスマ》論争」によれば一八九七年一月から三月頃）

などである。

この中で興味深いのは、「履歴書」の読み手が船舶会社の重役矢吹であったことから、「丸」の内容は矢吹にとって極めて関心度の高い興味をそそるテーマであると思われる点である。この論考は日本の商船はなぜ名前の最後に丸が付けられるのかについて明らかにしたものである。「履歴書」によれば、

……往年英米諸国で、日本の商船に丸という名をつけることにつき種々（日本の海軍と海運との関係について）疑念を抱き、この雑誌に（『ノーツ・アンド・クェリーズ』のこと——筆者）問いを出せしものありしとき、小生答文を出したるを（一九〇七［明治四十］年八月及び十一月）海軍大将イングルフィールド（『ロイド登録』の書記職）が見てきわめて要用のものとなし、ヒル氏をして提要を拵え

しめて、大正五年六月十三日の『ロイド登録』に載せしめたり。これはなんでもなきことのようなれども、日本政府が船名を、あるいは丸、あるいは艦とつけるを制して、商船に限り必ず丸を称せしめたるにつきて、いろいろと飛んでもつかぬ考えを懐きし外人少なからざりしが、この登録の文が出でてよりかかる懐疑が一掃されたるなり。（普通には船に丸の名をつけるは一五九一年征韓役に九鬼嘉隆が作りし日本丸を嚆矢とすと思う人多し。しかし、それより先に一五七八年信長が九鬼の日本丸を覧しことあり、また一五八四年家康の清州丸と九鬼の日本丸と戦いしことが『武功雑記』に見ゆ。しかるに一四六八年に成った『戊子入明記』を見ると、当時足利政府より支那へ送りし船には十艘までみな丸という号をつけたり。これらのことはその後何の書にも見えおれど、小生これを明言するまでは知らぬ人多かりし。）貴下も御承知の通り『ロイド登録』は世界を通じて船舶に関係あるもの必読のものたり。しかるにわが邦には大正五年にすでに外人がかかる提要文を出だしあるに気づかず、今も船を丸というについて中米、南米また北米諸国でいろいろと日本船について妙な評判を聞くに驚き、さて本邦の学者に問うも何たる取り調べもなし居らねば、何が何だか分からずにおるようなこと、この外にも多し。実にみずから侮って、後に人に侮らるるものというべし。

熊楠は読手の関心に訴える操作を行っているように見える。彼は金銭に関心がないと自ら述べ、研究者たちもおおむねこの点に同調するが、筆者が熊楠の書いたものや実際の彼の行動から判断して、熊楠は決して金銭や世間の評判など、「俗」な事柄に全く無関心であったのではないと思う。同時に書かれた別書簡では、寄付の集まり具合などをやや詳しく説明して、矢吹に献金を請うている。扱いが難しい事項であるが、弟の常楠との葛藤についても主要因は金銭にかかわっていることは明らかである。もちろん極めてプライベートな問題なので、筆者にはその真相は不明である。

以上、熊楠自身の手になる「履歴書」の前半をもとに関連情報を補いながら、熊楠の前半生を説明した。本書の目的はあくまで彼の若き時代の学問、特にその宗教理解と研究の方法であるので、英国から戻ってからの研究や仕事については中心的に触れない。本書は、彼の田辺を軸とする後半生の活動の基盤は、おそらく海外での生活（とくにイギリス）とそこで形成したと思われる研究方法に見出せるであろうという前提に基づき、この点を熊楠自身の言葉に従って実証的に解明することを目指す。筆者はとりわけ一八九二年から一九〇〇年にいたる足掛け九年が彼の学風を決定したと考えているので、常にこの時期に留意しながら、関連する前後の時代、作品に焦点を絞って記述する。この英国滞在期間の重要性を正しく理解するためには、当時のイギリスが直面していた世界情勢についての一定の理解を必須条件とするだろう。特に本書ではイスラームが主流の宗教である中東地域に関する記述を多く含むので、ここで一九世紀のイギリスの世界戦略と中東イスラーム世界の状況、関係について簡潔に説明したい。

3　一九世紀のイギリスと中東

熊楠の民俗学的研究は世界に存在する多様な民俗学的現象を比較検討する点にあると言われるので、この意味においても中東世界の事例の一端を知ることは、彼が用いた資料の性質、内容、などを知るうえで有益である。大英帝国が空前の世界制覇への道を進んでいた時代に本国にもたらされた資料群は多種多様、膨大な量であって、当の西洋人にとってすらこれまで接したことのない情報、当時の世界における第一等級の資料に接することができた数少ない日本人の一人で熊楠はあったのだ。汲んでも汲みつくせない、興味の尽きることのない知の源であった。同時にそれらの情報は未整理で混とんとしたものであり、さらに面倒なことに大英帝国の利害を反映するバイアスに満ちたものであった。時代は思想と価値を生み出す。いかなる人間であっても自らが生きる時代の影響から自由ではありえない。大発展時代のイギリスで生活した南方熊楠に対しても強大な歴史の力が働いていたと考えることができる。本章の前半で示した個としての熊楠を、さらに大きな時代の力が覆っていたのである。熊楠についていえば、大英帝国がかかわった世界中の地域からもたらされる様々な物品、特に新たにイギリスの支配下に置かれた地域に関する報告書、書物が格別の意味を持っていた。熊楠が用いた研究資料はこのような背景で見る必要があるだろう。本節では、この点に読者の注意を喚起したいのである。
周知のように世界に覇を唱える帝国にとって出発点は、一八世紀の末、産業革命であった。多くの「革命」に値しない出来事が革命と称される中で、人類の生活の根底を転倒させた点で、まさしく産業革命は「革命」であった。短期間で終結した歴史的変動ではなかったとはいっても、これまで技術の発展の恩恵を受けにくかった広範な人々に文明の恩恵が及んだ点は、人類の生活水準を向上させる意味で画期的であった。もちろんこの潮流にすべての人が乗れたわけではなく、逆に現在に至るまで引き継がれる多くの問題をも生み出した。のちに南北問題として現れる地域間、人種間の貧富の問題である。強国は決して「民主的」に獲得した利潤をすべての人に分配しようとしたのではなく、自己の利益を極点まで拡大する手段を追求した。さらに、この利益はある強国の国民すべてに共有されるのではなく、限られた特定の貴族、上流階級の人々など権力者によって独占されるのが常であった。イギリスが現在に至るまで貴族社会の名残をとどめていることは周知の事実である。この問題は筆者にとって重要であるが、本書と直接関係がないので、とりあえず一九世紀のイギリスと中東世界に話を限定して筆を進めることにする。

当時の中東世界はオスマントルコを中心とする広大な帝国が徐々に衰退していく時期に当たっていた。ミッレト制度によって、帝国内に多様な人種、言語、文化を包み込んだ体制が構築されていた。帝国内では、イスラーム教徒を原則的な構成員とするが、帝国の威信が名実ともに強大であった時代には、キリスト教徒、ユダヤ教徒など異教徒をも含む大国であった。一六世紀に最盛期を迎えたオスマン朝であったが、一八〜一九世紀に至り、中央の力が衰弱するにつれ、また対外戦争に敗北するなどの理由で、帝国内で離反する分子が現れた。特に顕著であったのがヨーロッパ領土、ギリシアを中心とする地域であった。

一方、イギリスはインド支配を進めており、まさにインド支配は英国の生命線であった。イギリスにとってインド経営こそ国富の根源であったので、この地域の経営を円滑に進める努力に心血を注いだ。オスマントルコの東側ペルシア（イラン）では、カージャール王朝というトルコ系の王朝が支配していたが、この地域はアフガニスタンとともにインドに至る緩衝地帯であって、北方の熊ロシアとの間に介在することで、重要な地政的役割があった。ペルシア（イラン）人はインド—ヨーロッパ系の民族であって、インド、ギリシアとともにヨーロッパの主要国と同根の言語が用いられていることや、今も話されていることから、ヨーロッパの世界拡大とともに関心の度合いがいやがうえにも高まっていた。中東地域はイギリス、ロシアの対立と同時に、イギリス同様産業革命を経験していたフランスが加わって三つ巴の対立の様相を呈していた。この中でロシアだけは産業革命を経験していない絶対君主制の国であったが、この三国の対立はこれら強国の世界帝国的発展の野望に起源を有するのであって、とりわけ、西洋にとって至近距離にある中東は最も熾烈な対立抗争の舞台であった。この帝国主義的発展の付随物として、と言うより必然的要素として、大国間の情報獲得合戦があった。イギリスやフランスにはかつて見られないほどの膨大な量の情報が、新たに獲得された植民地や半植民地からもたらされることになった。この状況を知る手段として、ここでは①エジプトにおけるイギリスとフランスの対立抗争、②クリミア戦争を例にとって、簡単に説明したい。

一七九八年、ナポレオン・ボナパルト（一七六九〜一八二一）がエジプトに侵攻した。この時点に至るまで中東と西洋の関係は一八世紀半ばごろまでの中東の帝国の優勢から、産業革命の結果強大な力を蓄えてきた西洋の逆転支配という流れの転換があった。さらに、これまでは主として影響力の範囲を確定する国境線をめぐる争いが中心であったが、今回はこれまでとは全く異なる理念に基づく侵略であった。つまり、単なる国境線や領土的利害関係に基づく短期的、一時的関係ではなく、フランスはエジプトを「植民地」として支配下に置くことを企てていた。軍隊だけではなく、この度は原地語（アラビア語）、地理、歴史などの学者を伴い、エジプトを調査すること、そしてその知識に基づきこの地域を長期にわたり支配する意図が背後にあったのである。この意味で、ナポレオンのエジプト侵攻によって近代史上における西洋と中東の関係が開幕したとされる。

一九世紀が始まるころまでに、広大な領土を保有し支配下に置いていたオスマントルコの権威は帝国内で少しずつ低下していった。本体に弱体の兆候が見え始めると、部分が弛緩する。ミッレト制度という帝国内に多様な人種、文化、宗教、言語が存在し、まさに現代社会の特徴である多様性の典型のような複雑な共同体をその中に抱えながらも、イスラームを基盤にして、軍事力、経済力、寛容の精神によって実現した帝国の中で、帝国西部、特にヨーロッパに属する領土が不安定であった。やがて、ギリシアなどでイスラーム教徒、異民族による支配に対抗する独立運動が開始されていた。これを「東方問題」と呼ぶが、言うまでもなく西洋から見た「東方」であった。東ヨーロッパから中東地域を指している。この時期に中東でも様々な変化が生じている。まず先述のナポレオンが侵攻したエジプトでの状況をイギリスとのかかわりの中で見てみよう。

当時のエジプトはオスマントルコの一属州であったが、オスマン朝の穀倉として、帝国を経済的に支える重要な役割を担っていた。その背景にあったのは、紀元前の昔から「エジプトはナイルの賜物」と呼ばれ、肥沃な土壌がナイル川によってもたらされることによって、巨大な農業地帯を形成していたことがあった。オスマン朝の支配する時代に至っても、その重要性は変わらなかったのである。一九世紀初頭のエジプトでは、オスマン朝から派遣されたオスマン軍、伝統的な土着的軍事貴族マムルーク及びムハンマド・アリーの率いるアルバニア軍が駐屯していた。前二者に加えて後者はナポレオンの侵入に対処するためにスルタンによって派遣されていたのであった。フランスはオスマン軍の圧政からエジプト人を守るために来たと述べていたが、実際は上記の植民地化、さらにライバルのイギリスによるインド支配にくさびを入れるのが主要な目的であった。両大国の対立構造はエジプトにおいても見られたが、ナポレオンがフランス国内の政変に対応するために帰国し、その結果皇帝となり、一方イギリスはエジプト以外にも多くの係争地域を抱えていたために、エジプトでの対立をしばらく停止する政策を取った（アミアンの和約、一八〇二）。この和約が実効性を持ったのは短期間であったとはいえ、エジプトには大国の不在する「力の空隙」が現出したのである。

この状況を巧みに利用し、エジプトの支配者として登場したのがムハンマド・アリー（一七六九～一八四九、在位一八〇五－四八）である。この時点でエジプトにいた勢力は、オスマン軍、エジプト土着のマムルーク軍そしてアルバニア軍であった。ムハンマド・アリーはオスマン朝からナポレオン軍に対処するために派遣されていたのである。その軍の副官がムハンマド・アリーであった。彼は西洋列強の干渉のない好条件を利用して、ライバルを駆逐した。ある時はライバルと連合し、ある時は奸計を用いてエジプト全土の支配者となった。エジプトは元来オスマントルコの属州であったが、伝統的に帝国内で枢要な位置を占めてきた。ムハンマド・アリーは農産品の専売制など有効な政策を用いて国庫を充実させ、様々な近代化政策を断行した。日本の明治維新の半世紀以前のことであったが、表面的とはいえ新しいエジプトの建設に着手したのである。彼の政策として評価されるのは、外国人に頼らず、自国の資金を用いて様々な改革を行ったことである。この点はほかの中東地域の支配者と比較した場合顕著な特徴であった。カージャール朝のペルシアやオスマントルコのスルタンも、外国から借款の形での借金に依存した結果、国の経済は破綻し、その結果西洋の帝国主義国の半植民地となった。このように、弱小とはいっても、外国の干渉を極力回避しながら国家運営を行ったムハンマド・アリーは一八二一年のギリシア独立戦争においても軍隊を派遣するなど、帝国内で大きな力を発揮するようになった。しかし彼の勢力が強大になることを恐れた西洋列強の干渉などがなされた。とまれ、一八四〇年、オスマン朝からの独立を承認された結果、ムハンマド・アリー朝が誕生した。この王朝はムハンマド・アリーの死後、徐々にイギリスの半植民地の地位に転落するが、一九五二年から始まったエジプト革命の指導者ガマール・アブドゥル・ナーセル（一九一八〜一九七〇）の登場まで余命を保った。新エジプトは一九五三年、共和国となった。

ムハンマド・アリー朝の試練はムハンマド・アリーの死後訪れた。彼の息子サイードはフランス人技師フェルディナンド・レセップスと親交が深かった。レセップスはサイードの家庭教師であったことなど、極めて近い関係にあったため、当時西洋人の間で議論されていたスエズに地中海と紅海を結ぶ運河建設の認可を得たのである。この運河建設は紀元前のアケメネス朝ペルシアの時代から考えられていたもので、特に一九世紀になって大規模な海運が進展する時代において、いくつかの国で検討されていたのである。特にインド経営を国家の死活問題とするイギリスにとっても強い関心が示された問題であったが、イギリスは運河建設には反対していた。運河を利用することでインドへの権益に悪影響が出ると考えたからである。イギリスは運河ではなく、アレクサンドリアから紅海沿いに鉄道を建設したほどであった。

一八五七年に認可されてから一八五九年に運河開削工事が開始された。この地域は夏にはマラリヤが発生するなど工事は困難を極めたと言われる。工事の費用労働者は大半エジプトが担うことになっていたため、大きな国家負担となった。運河は一〇年後の一八六九年に完成し、盛大な開通式の行事が挙行された。当初運河からは期待されたほどの利益が生まれなかったが、皮肉なことに運河の最大の利用者は英国《イギリス》であった。

このころ、エジプト政府は巨額の負債に苦慮しており、利子の支払いだけで国家予算の半分ほどに達すると言われた。この状況下で、やがて同国が持っていたスエズ運河の株が売却されるといううわさが流れた。これにいち早く目を付け行動したのがイギリスであった。時の首相ディズレリーは女王と相談のうえ、国会で審議することなくこの運河の株を購入するという行為に出たのである。資金はユダヤ人の大富豪ロスチャイルド家からの借り入れによって調達した。こうして運河会社の総株数の四〇%以上を一夜にして獲得して筆頭株主となり、運河会社の運営に強大な影響力を行使することになったのである。ディズレリーは株を獲得した翌朝、誇らしげにヴィクトリア女王に報告を行った。このころまでにすでに八〇%程度の船舶はイギリス艦船によって占められていたというから、イギリスにとって運河は必要不可欠となっていたのである。筆者は中東近代史の中でこの事件は、極めて露骨に西洋帝国主義国家の私利私欲を満足させる経緯を物語っていると思う。フランスにしても、エジプト人の繁栄の手段として運河を建設するはずはなく、自らの国家の利益の確保・発展、さらにライバル英国のインド経営という生命線を牛耳るためであった。何よりも時代を反映しているのはイギリスの態度である。あれほど建設に反対していた運河が完成して利益を生み始め、自国の利害にとって極めて重要であることが判明するや、その目的を達成するために手段を選ばなかった点である。

また、イギリスのインド経営にとって必須の地政的重要性を持つペルシアにおいても、程度の差こそあれ、イギリス政府並びにイギリス臣民の活躍が顕著であった。確かにペルシアはオスマントルコ領、特にエジプトなどに比べれば経済的重要性は少なかったが、北方の熊、ロシアの南下政策を緩和するための緩衝国として、アフガニスタン同様重要な位置を占めていた。さらに、一九世紀の西洋列強の地球規模での活動によって、これまで西洋人の知らなかった新しい情報がヨーロッパに奔流のごとく流れ込んだ。その過程で、インド人やペルシア人が大半のヨーロッパ人と同根の言語を用いていることなどが知られるようになったため、西洋中心的な進化思想にも援けられて、人々の間ではこれらの地域に対する言語的、人種的、文化的関心が大いに高まった。熊楠が心血を注いで筆写し続けた「ロンドン抜書」に見られる書物のタイトルを見れば、一八〇〇年代に出版されたものが多いことがわかる。

引き続きクリミア戦争について、その経過と意義を簡潔に述べてみたい。そもそもヨーロッパ人の中東地域に対する関心は古くからあったとは言っても、直接的に矛を交える敵対的な関係は中世の時代に典型的にみられる十字軍の遠征に代表される、キリスト教徒とイスラーム教徒の対立抗争である。ただ、一六世紀以降はオスマントルコの勢力が強大となり、力の違いを示す天秤は明瞭に中東に傾いていた。西洋人は全盛期のオスマントルコの前に非力であった。しかし、一八世紀の末頃から進展し始めた西洋における産業革命を契機として、両地域の関係は資本主義に基づく近代化を達成したヨーロッパの国々の圧倒的優勢となったのである。オスマン朝は一時ウィーンにまで進軍して神聖ローマ帝国の都を脅かし、旧東ヨーロッパのかなりの部分をその影響下に置くことになる。その結果、現在も東ヨーロッパ地域にはイスラーム教徒が多く居住している。一九世紀になると両地域の関係の変化に伴って、旧オスマン朝支配下の諸地域が自立、あるいは独立の運動を開始し始める。「東方問題」の本質は、弱体の兆候を見せ始めたオスマントルコをいかに扱うかであり、最終的には同帝国の西洋列強による分割であった。本書執筆中に起こった「ロシアのウクライナ侵攻」と類似の戦争が一九世紀半ばのこの時期に発生している。ロシア人のクリミア半島侵攻である。周知のとおり、ロシアには不凍港がなく、冬季において船舶の移動に著しい制限があった。したがって、伝統的に「南下策」が取られ、黒海から地中海に抜ける航路、さらにはるかインド洋に至る手段を求めた。この意味で、アフガニスタン、イランが極めて重要な位置を占めていた。一方、イギリスにとっては、帝国の心臓部ともいえるインドの安全を確保する上で、これらの地域は緩衝国として必須であった。さらに、黒海の北部に位置するクリミア半島はロシアの言い分によれば本来ロシアの領土であって、この地がロシアから独立を保ち、他国の領土であることはあり得なかった。一九世紀の半ばにおいてクリミア半島はオスマン朝の領土であって、基盤が緩んできたオスマン朝からロシアはクリミア半島を「回復」しようと企てたのである。もちろんこの状況にイギリス、フランスが沈黙するはずはなく、オスマン朝と結んでロシアと戦端を開いた。戦況は決定的な勝利もなく長期化したため、ヨーロッパの参戦国はこれを好まず、一八五六年、パリで講和条約が結ばれた。その内容はほぼ現状通りで戦争前の状態に戻すという内容であった。これは実質的に現状の影響力を有する地域を三つの列強が承認したオスマントルコ分割であった。むしろこの戦争の意義は、これまでヨーロッパを支配してきた「神聖ローマ帝国」を軸とする秩序が崩壊して、新たに民族主義的な国家がそれぞれ自己の領土、利害を主張する体制への変化であった。これ以後の西洋は、イギリスを筆頭としてフランス、ロシアが三つ巴で互いにそれぞれが思い描くことのできる世界秩序の時代へと移行する。さらに、プロシア、新興のアメリカなどもこれに加わり、熾烈な対立抗争の時代となる。その中でヴィクトリア時代のイギリスは、同世紀が終わる時点においても世界に君臨する大帝国であった。

この時代を背景にして、インド、ペルシア、エジプト、アフガニスタン、中央アジアに至る広大な地域に関する報告書、旅行記、歴史書などが世に出ることになった。新しい時代にこれ以前の人々が見たことも聞いたこともない情報が、イギリスにもたらされた。人々の好奇心は掻き立てられ、新しい情報が求められた。新規な情報と、物品がもたらされることによって、新しい思想が形成されることになった。特に著しいのは、進化論的な考え方で、ヨーロッパ人の間に自分たちを進化の極点とみなしながら世界全体の人間、動物、植物、さらに社会全体を進化的に理解する傾向が拡大していくことになる。このような考え方は完全に西洋人の発明とは言えないが、記述の通り一八世紀末以来の産業革命の進展によって、飛躍的な生産性の増大の結果生み出された富を背景にして、すべての良きものが後進的な東洋（アジア）から西洋に流入し最終的に西洋において完全なものとなるという世界観が形成されるようになったのである。現在、ヨーロッパが世界の最先端の地域であるなどと信じる人は減少したが、現在に至るまで、この一九世紀的信念は多かれ少なかれ存在する。とまれ、この活気ある時代が最も顕著に現出したのがイギリスであって、熊楠はその国の首都で一〇年近く滞在していたのである。この時代の影響が彼になかったと考えることはできない。また、彼は冷静にこの国の状況を批判的に眺めていたのでは、もちろんない。熊楠は良い意味でも悪い意味でも時代の子であった。そしてその時代を代表するシンボル的存在が大英博物館であった。

4 まとめ

人間の価値や世界観を形成するのは時代の諸条件である。時代のトレンドに迎合しようと抗おうと、人は時代の条件から完全に自由ではありえない。熊楠も同様であって、彼が生きた時代には彼を取り巻く多様な条件があった。日本が明治時代を迎え、近代国家を形成する時期であったこと、国際的関係の変化に伴う圧力が否が応でも日本に押し寄せてきたことは特に重要であった。この激動の時代に生きた熊楠は様々な時代の潮流に時には調子を合わせ、またある時には抵抗しながら生きた。これまで熊楠の伝記が数多く書かれてきた。しかしながら、この人物は日記や書簡を通じてあまりにも多く自らについて語り、関心分野に関する膨大な量の記述を残したにもかかわらず、それらの多くは一貫した思想や価値観、世界観を欠くものであったために、研究者はどのように熊楠をまとめて説明するか、苦慮してきた。したがって、読者は水木しげるの『猫楠――南方熊楠の生涯』（角川文庫）のようなものから、多様な一次資料に基づく専門書までどれから始めるか苦労する。この難題を回避するために、他の研究者の著述ではなく、熊楠自身の語る自伝（「履歴書」）に基づいて彼の時代をできるだけ要点をかいつまんで、記述することにした。筆者にはもともと熊楠の生涯全体を一貫したテーマに従って書き下ろす関心がなかったためである。さらに、彼の生涯をすべて扱うことは余りにも大仕事であるので、かねてより関心のあった彼の若年時代の研究の方法に留意しながら彼の初期の経歴、時代背景を説明することにしたのである。筆者は熊楠の学問の方向性が定まったのは在英時代であると考えるので、この時代とこの時代にかかわる著作を重点的に検討することにした。この作業を完遂するためには彼が愛してやまないイギリスの歴史、特に国際関係の解説が不可欠となる。したがって、本章の後半では本書のタイトルにもあるイスラーム世界を見据えながら、当時のイギリスの国際関係を概観した。

第2章……南方熊楠と猫とイスラーム

紀州の熊楠といえば、おもしろい。無類の猫好きで、食い物が十分になかったロンドン留学時代でも、猫を飼っていた。子猫を下宿に連れて帰ったり、「天ぷら屋」の猫の観察、さらに、近所にいた宿なしの猫にえさを与えるなど、「日記」には猫に関する記述が散見する。日本に帰ってからの話であるが、熊楠はやはり猫を飼っており、娘の文枝の言葉によれば、「三毛猫も白黒のも、いつも牛肉をやるものですからコロコロ太っていたそうですよ」。「……そうですよ」というのは、直接見たのではなく、猫嫌いの母親から聞いた話だからである。本章のこれから出てくる話にも若干かかわってくるが、猫にも役割分担があって、夜中に粘菌に近づくナメクジを追っ払うのだそうである。人類の歴史の中でその魔性を嫌われたこともあったが、穀物を食い荒らすネズミ、さらにサソリや蛇などを駆除することから、猫は益獣とみなされていた。ペットとしても飼われてきた。

熊楠は子供のころから絵が上手で、『和漢三才図会』を記憶に頼りながら写した話は有名である。この話の真偽は現在疑われているとはいっても、熊楠の猫の絵は格別に面白い。土宜法龍あての書簡の中でも、スペンサーやダーウィンの原子に関する説を批判しながら、

柳田国男（1875-1962）

……予にいわすときは、生物現身原子には先祖代々の業を積めりといふに止まる。業は何物にして何の形ぞといはば、吾れ吾れ一生のことをいかに忘れたりとも、機に応じて思い出し又夢見又は熱病中に現する如く、別に更に小さき原子もなにも有するにあらず。原資にはここ先祖伝来の経歴事用を再現する力あるものと説くをよしとす。


と述べあの有名な「大日猫」（後述、第5章208頁の図を参照）を描いて説明した。これ以外にも、猫の戯画を描いて人に与えることがしばしばあった。

その熊楠が一九一二年、柳田国男の勧めもあって、「猫一疋の力に憑って大富となりし人の話」（以

下「猫」と略す）という興味深い論考を表している。元々はイギリスで発行された『ノーツ・アンド・クェリーズ』誌に一九一一年発表することになっていたものを、日本語に書き直したのである。というより、柳田との往復書簡を見れば、日本語版と英語版はほぼ同時進行であったことがかる。すなわち、一九一一年一〇月二五日に英文脱稿と有り、同日午後の手紙では、日本語原稿を書留で送ったと述べている。その後、同一一月一二日には、『太陽』に発表されることになったことに礼を述べている。ついで一二月一四日、ロンドンで英語版が出た報告をしている。そして、無事『太陽』に出たことについては、一九一二年一月一七日に謝意を表している。日本における全国誌でのデビューとなった記念すべき論考であった。ただ校正などについては、柳田に任せきりの状態であった。

このように紆余曲折を経た論考であったが、この論考を精査すると、注意すべき、あるいは検討すべきいくつかの問題のあることが分かる。つまり、次の三点である。

① 人類の文化の発生について、それは伝播したのか、独立的に発生したのか、

② 熊楠の資料の用い方、

③ この論考の論旨の核心となるイスラーム世界の位置づけ（特に猫の受け入れ方の相違）

①については、この論考の出発点が後述するようにクラウストン（Clouston）という英国の研究者の著作である点を考慮すれば、少なくとも「猫」において熊楠が伝播説を支持していたことは明らかである。勉強家の熊楠のことであるから、伝播説、独立発生説の意味を知っていたことは言うまでもな

い。それどころか彼の知の追求における主要なテーマの一つであった。この論文に先立つ「西暦九世紀の支那書に載せたるシンダレラ物語」においてもこの問題を扱っていた。ただ①の問題は本章で扱うには大きすぎるので、さらに筆者の研究領域が③の点であるため、ここでは③の点に重点が置かれることになる。同時に②の問題は記述の過程で必然的にかかわってくるので、この問題についても検討する。ある意味で本書の最大の問題意識が②の問題にあると言っても過言ではない。

熊楠がかなり強い関心をイスラームに対して持っていたことは、土宜法龍の書簡、並びに民俗学関連の論考（特に『十二支考』）を見ても、容易に知ることができる。この点は第1章で述べたように、一九世紀のイギリスにおいて、中東のイスラーム諸国との関係から多くの情報が流入していたことと関係があると考えられる。熊楠は法龍に対して、英国で入手できるイスラーム関連の情報をも提供していたのである。本邦では、鈴木薫によって、熊楠とイスラーム、特に氏の専門領域であるオスマントルコとの関連に注目しながら書かれたエッセーが発表されている（「熊楠先生の博識の源泉『十二支考』に見えたる非漢文圏文献の引用を論ず」）。これをみれば、熊楠が相当広範囲にイスラーム関連の資料を読み漁っていたことが分かる。さらに既述の通り、筆者が二〇代のころに読んだヴァンベリー『ペルシア放浪記』（平凡社、東洋文庫）が「ロンドン抜書」の最初期に抜き書きされた書物の一冊として現れるのは、何かの縁を感じる。

さて、筆者は、「猫」において、イスラーム教徒の間で猫が愛好されていて、この点が熊楠の論考において極めて重要な論拠となっている点に興味を覚えた。熊楠の個人的な猫贔屓の要素はともかく、この点を検証してみようと考えた。この作業によって、②の点についてもある程度の考察を加える機会になるだろう。丁寧に熊楠の用いた資料を再検討することによって、熊楠の学問の性質、本人が目指した学問の目的などについて、多少なりとも新しい情報が加えられるかもしれない、と考えたのである。

1 前提的考察——ホイッチングトン譚とクラウストン

ホイッチングトンの物語とは、熊楠が *Webster's International Dictionary of the English Language* (1896) に基づきまとめた要約によれば、

この物語の大概は「ジック（リチャードの略）」・ホイッチングトン少にして孤なり。富商サー・フィッツワレンの厨奴たり、主厨に虐せらるるに堪えず、脱走せしが、道側に息んで、ボー寺（ロンドン）の鐘音を聞きしに、ホイッチングトン主家に還らば、三たびロンドン市長たらんというがごとし。よって、主家に還る。その後ほどなく、主人の持船出航にのぞみ、ホイッチングトン、唯一の所有物た

る猫一匹を船長に委託す。その船バーバリーに至りしに、国王宮中に鼠多きを憂うる最中なりければ、高価もて猫を買えり。船帰るに及び、ホイッチングトン猫の代金を受け、商売の資本に用い、大富と成り、主人の娘を娶り、その業を継ぎ、男爵に叙せられ、三度までロンドン市長と成りし、となり。

この話は当時ヨーロッパで広範に知られていたようである。たとえば、熊楠が寄稿した『ノーツ・アンド・クェリーズ』においてもしばしば読者からホイッチングトンに関する文が投稿された。この話が注目されていたのは、一九世紀の大英帝国の世界制覇と関連があると思う。自国がいつの時代どの地域にまで影響力を持っていたのか、というイギリス人の好奇心と自信と関係があった。同時に、世界観の変化に伴って、新しく知られた地域や民族との相互関係にも目が向けられていた。同世紀の後半には、学問的関心がさらに進展したのである。中でも熊楠が強い関心を寄せていたのが、クラウストンという研究者であった。

増尾伸一郎によると、W・A・クラウストン（一八四三〜一八九六）は主に中東の物語の翻訳に従事していたが、同時に比較民俗伝承に関する著作を公表した。彼の立場は伝播主義派であって、ヨーロッパ全土に何世紀にもわたって広まっていたアーリア族の物語の基となる伝承が生まれたインドに注目していた、という。「それまでの社会進化論者とは異なり、原始の着想を追求して、有名な物語や習慣の中に未開で原初的な風習の遺物を求め、仏教の寓話や中世の道徳的逸話、インドとアラブの物語本……」などに現れる物語の跡を追った点が指摘されている。独学でアラビア語を学んだという。クラウストンは注意を東方に向けるが、インドがその行き止まりであって、ヨーロッパにもアジアにも残る太古の物語は、迷信的要素が全くない日常的な物語を別にすれば、空想物語は翻訳を通して、また旅行者や巡礼者、そして貿易商人らによって東から西へと、比較的近世に伝わったものと考えた。

率直に言って、熊楠の「猫」は、クラウストンの上記の考えがなければ立論できなかったほど、多くの部分を彼の著作に負っている。その著作とは、*Popular Tales and Fictions*, London, 1887である。そもそも事の発端は、三度までロンドン市長になったホイッチングトンの話の起源について、クラウストンがインド起源説を主張したことである。

すでに述べたように、この話はヨーロッパで広範に知られていた。一八六〇年代に『ノーツ・アンド・クェリーズ』誌において何人かの投稿者によって「熱い」論戦が交わされていた。ただ、クラウストンや熊楠のように伝播説や独立発生説などに対する関心ばかりでなく、議論はホイッチングトンの話が歴史的に真実であるか単なる物語であるか、という関心まで加わっていた。これらの議論をめぐって、歴史的地理的な議論がなされたのである。

そもそもホイッチングトンと彼の猫の話は、一七世紀に初めて登場するという。話は一九世紀になって、イギリスの東方進出による勢力圏の飛躍的拡大ともあいまって、様々な形をとって議論されるようになった。その代表的なものが『ノーツ・アンド・クェリーズ』で展開されたケイトリー

(Keightley) という人物の *Tales and Popular Fictions* の主張に対するサムエル・ライソンズ (Samuel Lysons) からの反論であった。論点は、ケイトリーがホイッチングトンと猫の話は、世界中に類例のよくある話で、世界の人々は自らの生活環境や条件に従って独自の話を「独立して」作り出すものだ、と主張したのに対して、ライソンズがこの話は史実によって裏付けられる実話であると主張したことである。(一八六一年以降、両者の間で投稿が繰り返される)。この論争が真に重要であったかどうかはともかく、一九世紀のイギリスでは、猫論争がある程度行われていたのである。

クラウストンはこの流れの中で、一八八七年上記の書物を著し、物語の伝播説を強く唱えたのであった。クラウストンはこの書物を執筆していた段階において確実な根拠を見出していなかったものの、いくつかの理由で猫によって富貴になった人物に関する話の起源は確実にインドであることを予測していたのである。おそらく当時のイギリスの帝国主義的拡大、自国民がインド人と同人種のアーリア系民族であることとの発見等の風潮の影響を受けていたと推測できる。熊楠はのちに、クラウストン説を受けて、彼の予測が真実であったことを明らかにした、というのが事の真相である。ただその作業はおよそ二〇年も後の事であった。

熊楠は不本意ながらイギリスから帰国後(一九〇〇年)那智で暮らしていたが、そこの山中で尋常ならぬ体験をする。当時の日記を見れば、植物や粘菌の採集、プレパラート作りに余念がなく、イギリスとの関係は『ノーツ・アンド・クェリーズ』を中心に行われていた印象がある。ただ、「履歴書」を見れば、「さびしき限りのところゆえいろいろの精神変態を自分に生ずるゆえ、自然、変態心理の研究に立ちいれり」などと書いている。おそらく意に反してイギリスを離れた無念さや未練が強く残っていたのであろう。特に、「とって置き」の「燕石考」が『ネイチャー』ならびに『ノーツ・アンド・クェリーズ』などに採用されなかったのはショックであったと推測できる。一九〇三年九月二二日の日記には、『ノーツ・アンド・クェリーズ』に「燕石考」が載った夢を見たとさえ言っている。「燕石考」については、第5章でさらに詳しく論じる予定である。とまれ、那智における精神的不安定、失望の時代を何とか切り抜けて紀伊田辺の町に落ち着くこととなった熊楠は、『大蔵経（一切経）』を丁寧に読み、多くの比較伝承学的資料を収集することができた。熊楠は一九一一年四月から抄写している。

猫の話が熊楠の注意を強く引くことになったきっかけは、一九一〇年版の *Encyclopedia of Britannica* によるといまだにこの話の原話論争に決着がついていないことを知ったことであるという。帰国後、和歌山の町を離れ熊野方面にいた熊楠が猫の論考を書く時の状況はこのようなものであった。

この時期に相前後して、熊野・那智逗留中に前記 *Popular Tales and Fictions* を丁寧に読んでいる（一九〇四年二月から三月にかけて、二冊を二週間程度で読んだ）。この間の事情は増尾によって日記の記述が紹介されている。かなり集中的に時間をかけて読んでおり、南方熊楠顕彰館に保管されている蔵書を調査すると、多くの書き込みのあることが分かる。もちろん、ホイッチングトンに関する箇所ばかりではなく、全体にわたる相当な書き込みがある。クラウストンの主張する比較説話や仏教の影響との関係で考えさせられることが多かったのであろう。この頃に「猫」の草案が準備されたのである。同時に、「小生にとって置きの「燕石考」」の不採用と相前後しているので、この頃の熊楠は、失望と落胆の極限にあったのではないかと推測できる。それにもかかわらず、まもなく始まる「神社合祀問題」に巻き込まれるまで、次々と新作に取り組んでいるように見えるのは驚きである。むしろ、投稿は生きがいであったかに見える。

一九〇九年ごろから、「神社合祀反対」の運動に積極的に関与する局面となり、民俗学の研究の進展という意味では、彼のエネルギーは「浪費」されたのかもしれない。その一方で、熊楠が柳田に援助を求めたことによって我が国の民俗学研究においては予期せぬ進展がみられることになった。両者にどのような動機があったにせよ、主として書面を通じて将来の日本民俗学界で著名となる学者が、知り合うことになった。その交友の結果の一つとして、熊楠が「猫」を公表することについて柳田からの勧めがあったのである。では、熊楠の論考の趣旨は何か。上記の通り、彼は「猫」をわが国で発表する前年、『ノーツ・アンド・クェリーズ』において、二度に分けて「猫」論文の大要を明らかにしていた（N&Q, 11 series, volume IV, July-December December 23 and December 30）。そのポイントは、

①その後、クラウストンの期待通り、ホイッチングトンの物語の起源と推定される伝承がインドで

発見されたか。

②一九一〇年現在の *Encyclopedia Britannica* にはこの点に関する記述がまだない。

③自分は『大蔵経 The Buddhist Canon』に明らかに仏陀と同時代のインドの物語を見出した。それは遅くとも彼（仏陀）の没後数世紀内に記録されたものである。

④この物語はクラウストンが探し求めていたホイッチングトン譚の元となる物語であると無難にいえるだろう（以上論考の前半）。

⑤インドでは猫が嫌われている事例、その事例は Brahmanism（バラモン教）から仏教にも伝えられた。中国でも例外はあるものの、同様の内容を持つ資料がある。

⑥これに対して、イスラーム世界では全く逆の事例がある。ムハンマドが猫の昼寝を妨げないように、袖を切って礼拝に出かけた話、さらにバウムガルテン（Baumgarten）の *Voyages and Travels*, 1732 からの情報（ただし、これは Churchill からの孫引き）

⑦そして、最終結論として次のように述べている。

読者の中には熊楠の英語に興味のある方がおられるかもしれないので、以下に掲載する。

Now that I have given the old Indian legend of the Rat-Money-Broker, and have also exposed the different feelings with which the cat and the rat were respectively regarded by the Buddhists and the Muhammadans, I am led to opine in conclusion that the original Buddhist tradition of the Rat-Money-Broker was obviously metamorphosed into the current European tale of Whittington, primarily after the Muhammadan had handled it. Their particular fondness for the cat, the animal much hated by the Buddhists, caused them to substitute it for the rat, whereas several other features remain the same in both of these stories-such as the hero's early poverty and sadness, his acquisition of matchless wealth through the sale of an animal and through the navigation, his subsequent marriage with a damsel whose father had before been unkind to him, &c.

私が古いインドの伝承、鼠金舗主の話を述べ、さらに猫が仏教徒とマホメット教徒によってそれぞれ捉えられている感情についても明らかにしたことから、次のように結論できる。すなわち、鼠金舗主の元となった仏教伝承は、明らかに形を変えて現行のヨーロッパのホイッチングトン譚となったが、それは主としてマホメット教徒の手を経てからのことである。彼らが、仏教徒が非常に嫌った動物――（すなわち）猫をことの他好んだために、猫を鼠に変えてしまったのである。

その一方で、その他いくつかの点は、両者の話の中で共通点として残っている。例えば、主人公が初期の時代に貧困で惨めであったこと、猫と航海によって比類なき富を獲得したこと、最初は親切でなかった父親の娘とついには結婚すること、などである。（筆者訳）

この結論を読む限り、熊楠は相当自信があったに違いない。そして、その自信の根拠は『大蔵経』の記述を発見したことにあるように見える。論考前半部分の大半は『大蔵経』の該当部分の翻訳、紹介に使われている。『ノーツ・アンド・クェリーズ』に掲載された論考と邦語論考の引用を比較してみると、訳語などについていくつかの特徴がみられる。では次にこの発見の内容を検討してみよう。そして、上記⑦の結論にどれほどの根拠があるのか検討を加えたい。

2 『大蔵経』「義浄訳―根本説一切有部毘奈耶、巻三二」の記述

それでは熊楠が『大蔵経』に見出した箇所を検討してみよう。もちろん長い本文の内容を逐次検討することは、筆者の目的ではない。その内容と熊楠の論点を明らかにすることが目的である。以下、熊楠が漢文仏典を英語に訳したものについて、日本語に翻訳して紹介したい。

昔ある村に富人がいて、船による貿易で大利をえていた。妻もあり子供もいたが、妻に大金を与えるとろくなことがない考え、知り合いの一商人に全財産を預け、家族に何かあった場合に助けてくれるように依頼した。やがてこの貿易商人は難破して命を失う。妻は苦労して子供を育てたが、子供が父

親のことを聞くと、父親と同様船貿易を行い同じ運命をたどることを嫌い、真実を述べなかった。ある日子供が自分は商売をしたいと言ったので、父親の知り合いの商人を紹介したため、子供は父のかつての友人の商人のところへ行った。すると、ある商売に失敗した人が件の商人に厳しく叱られているところにたまたま出くわした。「汝、知らずや金儲け上手なこの下女が捨てに往く鼠一匹を資本としても、大身代を仕上ぐる」とののしっていたのを聞いて、もっともだと考え、その捨てられた鼠を拾って町に行った。すると、猫を飼っている人が猫のえさとしてその死鼠を所望したので与えたところ、代わりに豌豆をもらった。若者はこの豌豆を熬って水と共に村はずれの樵夫が来る場所へ行った。若者が樵夫たちに豆と水を与えると大変感謝され、代わりに薪をくれた。彼はこの薪を町で売り、さらに多くの豌豆を買い同じ所へもって行った。これを繰り返した結果、利益を増やしたが、いつまでもこのような仕事はよくないと考え、今度は雑貨商を始めた。更に利を増やしたがこれも好ましい仕事ではないとして、香具屋、さらに両替商へと事業を拡大し、巨利を得た。同業者は彼を妬んで、「鼠金舗主」とあだ名した。同時に同業者たちは彼の父親のかつての事業の話をしたので、帰宅して母親に問うたところ、母はいかんともするなく真実を告げた。すると息子は父親同様自分も海に出て珍宝を得ると言い張ったため、母はついにこれを許した。その結果、若者の事業はことごとく成功を収め、大富無双となった。母親は息子に今や妻を得るよう勧めるが、その際他人に負債がないか尋ねた。そのとき、息子は昔例の商人から聞いた話を思い出して、金銀玻璃瑠璃の四宝で鼠を作り、銀盤の上に砂金を敷いてその上に鼠をのせて商人に献上した。商人は大いに驚いてあなたに金を貸した覚えはない

根本說一切有部毗奈耶卷第三十二
唐三藏法師義淨奉　制譯
衆不差輒教授苾芻尼學處第二十一之三
爾時諸苾芻見如上事咸復生疑重白佛言世尊何
意愚路苾芻因少教誡自發正勤於生死中速能出
離證得究竟安隱涅槃世尊告曰汝等當知愚路苾
芻非但今日因少教誡而能證悟於過去時亦因少
教自發正勤得大富貴安樂而住汝等應聽乃往古
昔於其聚落有一長者大富多財受用豐足娶妻未
久便生一子容貌端正廣說如前告其婦曰賢首吾

今有子費用處多欲往海中求覓珍寶妻言隨意長
者便念我若多留財物與婦人者此必驕奢恐造非
法遂便少與於此聚落有一商主是其知識持餘財
貨皆悉寄之告云今欲經求還期未卜我婦若於衣
食有乏當可給濟即持財貨入于大海遭風破船往
而不歸被寄之人不爲存念時長者婦假親族力及
自營爲養育其子年漸長大問其母曰我之祖父作
何生業得存家道母作是念我若報云入海興易或
恐此子亦往海中遭難不還我受孤苦遂即報云汝
之祖父於此興易以爲活命子白母曰可與錢財我

學興易母告之曰我於何處得有錢財但假宗親貧
力養汝更無餘物遂汝所求然某甲商主是汝之父
故舊知識可從覓物隨意經營其子聞已詣商主處
時商主家有人取錢三返失利彼正瞋責求入無因
其家婢使持糞掃出中有死鼠俱欲棄之長者懷恨
告取錢人汝今知不世間有人解求利者能因此婢
所棄之鼠産業豐盈彼長者子遙聞是說便作斯念
此大商主終不虛言豈不由此死鼠能得富樂即隨
婢使觀其住止婢以糞鼠棄于坑内童子取鼠詣大
市中見有餓猫繫頸於柱以鼠示之彼猫見鼠遂便

跳躑是時猫主告童子曰可與死鼠童子報曰豈以
空言便覓他物若酬價直我當與鼠猫主便以一捧
豌豆用酬其直是時童子留鼠取豆便於瓦上熬之
令熟即作是念我若盡食本物全無遂以衣裙裹豆
兼持冷水出向村外於賣樵人停息之處待彼歸還
時賣樵者日晩俱至童子見來報言大兄時既炎暑
可且停息時賣樵人即便暫止童子遂將熟豆行與
諸人授以冷水諸人問曰小弟汝欲何去答曰我欲
取樵報言我且出城今始來至汝今若去齊暮不還
徒事艱辛必無所獲時彼諸人各減一樵持以相惠

義浄訳黄檗版『大蔵経』根本説一切有部毘奈耶、巻三二
（京都府立京都学・歴彩館所蔵）

と答える。これに対して若者は死鼠の話をし、又自分の父の名を商人に知らせた。ここに至って始めて、商人はこの若者が友人の子供であることを知り、ついに自らの長女を彼の妻として与えた。

筆者が英語本文を精査した印象から言えば、熊楠が『ノーツ・アンド・クェリーズ』に投稿した理由は『大蔵経』に死んだ鼠の話を見出したことに尽きるようだ。そして、インドの説話がイスラーム世界を介してヨーロッパと結びついていると確信した。この「新しい発見」、言い換えればクラウストンの仮説が正しかったことを自ら発見したことを誌上に明らかにして新たな議論の材料を提供しようとしたのだろう。しかしながら、発表直後の『ノーツ・アンド・クェリーズ』に早速新情報が読者から寄せられた。そのポイントは、熊楠が『大蔵経』の原文を翻訳紹介した内容は、『ジャータカ』や『カリーラとディムナ』などにやや変形された形ではあるが存在することを指摘するものである。もちろんこの指摘は、熊楠が独自にホイッチングトン譚の原型と思しき話を発見したことの価値を下げるものではないが、死んだ鼠が原因になって富裕になった人の話はすでに知られていたことになる(現在のインドではかなりよく知られた話であるらしい)。問題はその解釈である。そもそもこの問題は、死鼠の話がヨーロッパに到達してホイッチングトン譚になる過程でなぜ猫になったのか、そして元の話の起源がどこにあるのかという問題が存在したことであり、もしこの点だけが重要なのであれば、インド起源を示す(少なくともインド起源を知る)ための資料は、熊楠が気付かないところに若干形を変えて存在していたということである。熊楠は当然『ジャータカ』の存在は知っていたが、たとえば高木敏雄との「書簡」などではこれ（ジャータカ）を軽視している。奇妙なことに、のちに「鼠一疋持って大いに富んだ話」では、『ジャータカ』を資料として用いている。ただし、問題の所在が解釈なのであれば、話は異なった様相を見せる。つまり、ホイッチングトンの話の起源がインドにあるらしいことは、すでに述べたとおり、クラウストンが予測をしていた。さらに、後述するように、イスラームが絡んでいることについても予測がすでになされていた。熊楠は伝播説の立場からクラウストンの仮説には大筋で同意しているのであるから、彼の業績は独自に『大蔵経』にクラウストンの仮説の根拠を見出したことであり、この話がホイッチングトンの話と直接結び付く、と結論付けたことである。つまり、死鼠の話がホイッチングトン譚の原型に相違ないと解釈し、断言したことである。

この結論に至る論理展開の中で重要な問題がイスラームであった。熊楠はイスラーム教徒が猫好きであることを大前提としていた。では、イスラームでは熊楠が述べるほど猫が愛好されているのだろうか。この点を検証する必要がある。これが次節からのテーマであり、本章の主要な目的である。まずクラウストンと熊楠の情報源となっているオースリー（Sir Gore Ouseley）の *Biographical Notices of Persian Poets* であるが、本書はペルシアの歴代の著名な詩人を中心にそれぞれの代表的な作品を通して紹介した著作である。オースリー自身は外交官であったが、ペルシア語に通暁していた。フェルドゥースィー（九三四〜一〇二五）、サーディー（一一八四?〜一二九一）、ハーフェズ（一三二六〜一三八八）など、ペルシアの大詩人の作品が翻訳・紹介されている。上記書物では、それぞれの詩人や歴史家の作品をオースリー自らが翻訳したものを掲載している。ただし、ケイトリー（Keightley）が指摘するように、その翻訳は抄訳なので、紹介の仕方にやや問題がある。いずれにしても、クラウストンが本書を用いたことは、*Popular Tales and Fictions* の引用箇所がほぼオースリーの書物にある原文をそのままの形で採用していることで明らかである。そして、熊楠はクラウストンの引用をそのまま孫引きしている。「孫引き」したであろうことは、オースリーが物語に出てくる島名を Keis と表記しているのに対して、クラウストンはこの語だけを Kays と表記しており、熊楠は論文で「カイス」と表記していることから判明する。ただ、余談であるが、熊楠が Abdullah the son of Fazlullah（ファズルッラーの息子アブドゥッラー、次節の *Tarikh-e Vassaf* の著者）の Abdullah をアヴァズラと表記しているのは非常に奇妙で、なぜ熊楠がこのような音写を行ったのか不明である。では次節でこの書物に見られる記述を紹介検討しよう。

3　『ペルシア史（*Tarikh-e Ma'ajam*）』の記述。*Tarikh-e Vassaf*、オースリーによる紹介

熊楠の「猫」の結論に導くうえで極めて重要な位置を占めると考えられる『ペルシア史（ワッサーフの歴史）』の内容は次のとおりである；

ファズルッラーの息子アブドッラー（Abd al-lah b. Fazl al-lah）によって一二九九年に記された『ペルシア史（ワッサーフの歴史（*tarikh-e Vassaf*））』によれば、カイサル（Kaisar）の長男カイス（Kais）は、母親と二人の兄弟とともにイラン南部の海港シーラーフに住んでいた。シーラーフはペルシア湾で最大の繁栄していた町であって、学者や商人たちが数多く居住していた。支配者も時々この地に宿営し、「象の家 fil khaneh-ye ʻazad」といわれる高い建物を建てたと言われる。しかしながら、事情あってシーラーフから離れた島（カイス島）に兄弟三人は移り住んだ。カイス島は、現在ペルシア湾の大きな島で、インド、中国、トルコ、エジプト、シリアなどの国から多くの商人が訪れる。しかしながら、昔は人の住まない島であった。

さて、年老いた母親はシーラーフに残された。その地域では船の船長が海外へ貿易のため出航する際、人々から何か品物を預かりそれを先方の土地で売り、その利益を人々に与える習慣があった。一方、人々は船長のために航海の無事を祈った。さて、ある時紅海に出かける船長が貧しいカイスの母親の元にもやってきて、何か委託するものはないかと尋ねた。彼女には猫一匹しかいなかったので、それを船長に預けた。船長は出立し、インドのとある町にたどり着いた。そこで現地の王と取引を行うべく、その支配者に接近した。王は船長を王宮に招き入れ、晩餐会となった。盛大な晩餐の席が準備されたが、奇妙なことに食べ物の傍らに棒を持った召使が控えている。これは食べ物がもたらされると多くの鼠が現れ、食べ物を食い漁るので、これを撃退するためであった。船長はこの時カイスの母親から預かった猫を思い出した。早速猫を連れてきて放つと、猫は多くの鼠を撃退し殺した。王は

Tarikh-e Vassaf（著者 Abd al-Lah ibn Fazl al-Lāh（1265-1328）によるイランの歴史）

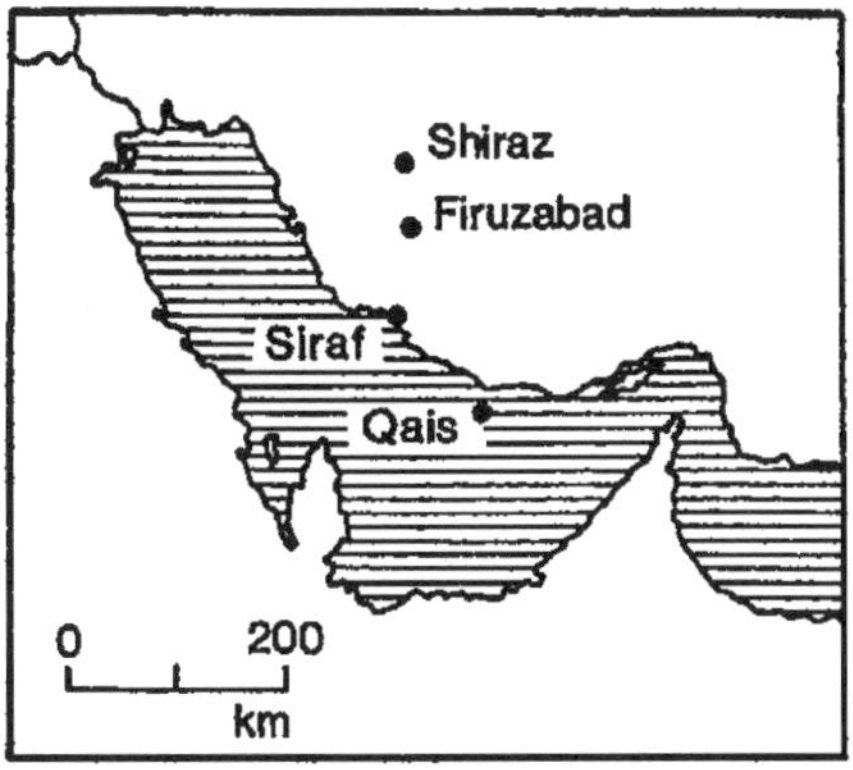

ペルシア湾の地図

大変喜んだ。船長は猫を王に捧げる際に、あの貧しい女の話をした。王はこれに対して多くの宝物を与え、船長はそれを携えてシーラーフに戻った。老婆は事の次第を知り、さっそくカイス島にいた息子たちを読んだ。息子たちは母親の元に戻ったが、結局カイス島を中心に海賊などの活動を行いながら勢力を拡大し、一王朝を築くに至った。この王朝は、一二三〇年に滅ぼされるまで存続した。

上の記述は大まかな話の筋である。ペルシア語原文は石板刷りでおよそ四ページにわたり、オースリーが *Bibliographical Sketches of Persian Poets* で英訳した部分は、かなり要約してある。この話で重要な点は、事件がペルシア（イラン）で起こったこと、インドと海路による交易がなされていること、猫が鼠を退治し大活躍して主人公が富貴となる原因となったこと、この話では老婆が主人公であって、その幸運のおかげで息子（カイス）が王朝を樹立するほどに力を蓄えたこと、これらの要因を記憶しておく必要がある。先ほどの『大蔵経』の話と異なるのは、富貴の直接の原因が死鼠であったのに対し、ここでは猫である。もちろん、生きた猫である。この点は、ホイッチングトンの話に近い。また、この話では、主人公が父の友人であった商人から運命を変える貴重な箴言を聞くという要素がない。また、息子たちは母親の幸運以前にある程度自立して生計を立てていた。さらに、主人公が老婆であるから、最後に結婚することもない。熊楠がこの話を『大蔵経』の話と関連付けたのは大胆な試みであったかもしれない。というのは、彼が立論のために用いた資料の大半は、ヨーロッパ人旅行者の記録であるからである。当事者である現地人の直接的な記録はほとんど用いられていない。この点は「考察」で詳論する。

4 イスラームにおける猫の位置

イスラーム教徒が猫好き（熊楠は「好遇」と述べている）であることを証明するために、熊楠が「猫」で用いた話は三つある。一つは、猫は犬と異なり、人前で性行為をしない（A. G. Busbequius, *Travels into Turkey*, London, 1744からの孫引き）、二つ目は預言者ムハンマドが礼拝前に自分の衣服の上で気持ちよく眠る猫を起こすのを嫌って、衣服の袖を切って猫を寝かせたまま礼拝に出かけた、という話。最後は、

The Travels of Martin Baumgarten（Churchill からの孫引き）にある記事で、シリアのダマスカスでは人々が猫を非常に大切にする話である。これはムハンマド（マホメット）がここ（シリア）に住んでいた時に、「常に袖中に猫を安置し、これを撫で養い愛せり、けだし猫の所作を観て自分の動作を制せしなり」。したがってイスラーム教徒はこれに倣って、進んで猫に餌を与えて崇拝したのだ、という。熊楠は同時に、エジプトからの影響についても触れている。

最初の話について、イスラーム教徒が犬を嫌うことは事実である。猫については大嫌いな犬との比較においてであって、必ずしも猫が好きというわけではない。また、犬についてもここでは詳しく述べることはできないが、調べてみると犬には嫌われる要素があるものの、イスラームでは狩猟などにおいてこの動物が必要不可欠とされているなど、絶対禁忌の対象ではないことが分かる。また犬は番犬としても飼われてきたし、最近ではイスラーム教徒のあいだで犬をペットとする傾向すらある。二番目のムハンマドが袖を切った話は、よく知られている話ではあるが預言者の伝承に見出すことができない。比較的新しい時代の主として西洋人による記述によく出てくるが、事実ではないという説が有力である。さらに平岩米吉の『猫の歴史と奇話』（築地書館、一九九二）では、ムハンマドが猫の宙返りの動作に興味を示したことから、イスラーム教徒の間では「かなり広い地域で猫が優遇されていた」（p.11）という。しかしながら、この記述に関して出典は明らかにされていない。最後の話は、ムハンマドがここ（シリア）に住んでいたということ自体が奇妙である。紀元五七〇年代の後半に孤児となって、叔父の指導で交易について学んでいたころから成人するまでの時代のことであろうか。とすれば、彼が預言者としての召命を受ける前のことになる。おそらくバウムガルテン（Baumgarten）は、シリアの人々が猫をたくさん集め、そこで餌を与える施設を見たのであろうが、イスラーム教徒が猫好きであることを証明する有力な証拠にはならないと思う。確かにエジプトとシリアは伝統的に深く結びついていたので、古代エジプトの猫崇拝と関係があったのかもしれない。

では実際にイスラーム教徒が記した文献に猫はどのように現れるのか。まず預言者と彼の同時代の教友に関する伝承（ハディース）を見ることにする。伝承は四大法源の一つであり、イスラーム法（シャリーア）の基盤の一つである。シャリーアはイスラーム教徒の信仰、行動を規定する根本的な法律の体系であって、ほぼ一〇世紀に現在の形が整えられた。シャリーアは神与の法とみなされる不易の法である。これは原則イスラーム教徒の生活全体を規定するルールであって、ある意味でイスラーム教徒とはシャリーアを実践する人であると言ってよい。実は熊楠は「ロンドン抜書」の中で、次ページの写真資料に見られるような抜き書きを行っている。これは Mishkat al-Masabih と言われる伝承集の集成（原文アラビア語）の英文翻訳であり、それが書き写されている。ただし、熊楠はこの箇所を別の書物の一部として書写しただけで、現物は参照していないようである。

いずれにしても、ここでは猫が飲んだ水は不浄かどうかについて、ムハンマドの愛妻アーイシャは猫が水を飲んだ器から食物を食べた話に関連して、猫が飲んだ水は不浄ではない趣旨のことが書き記

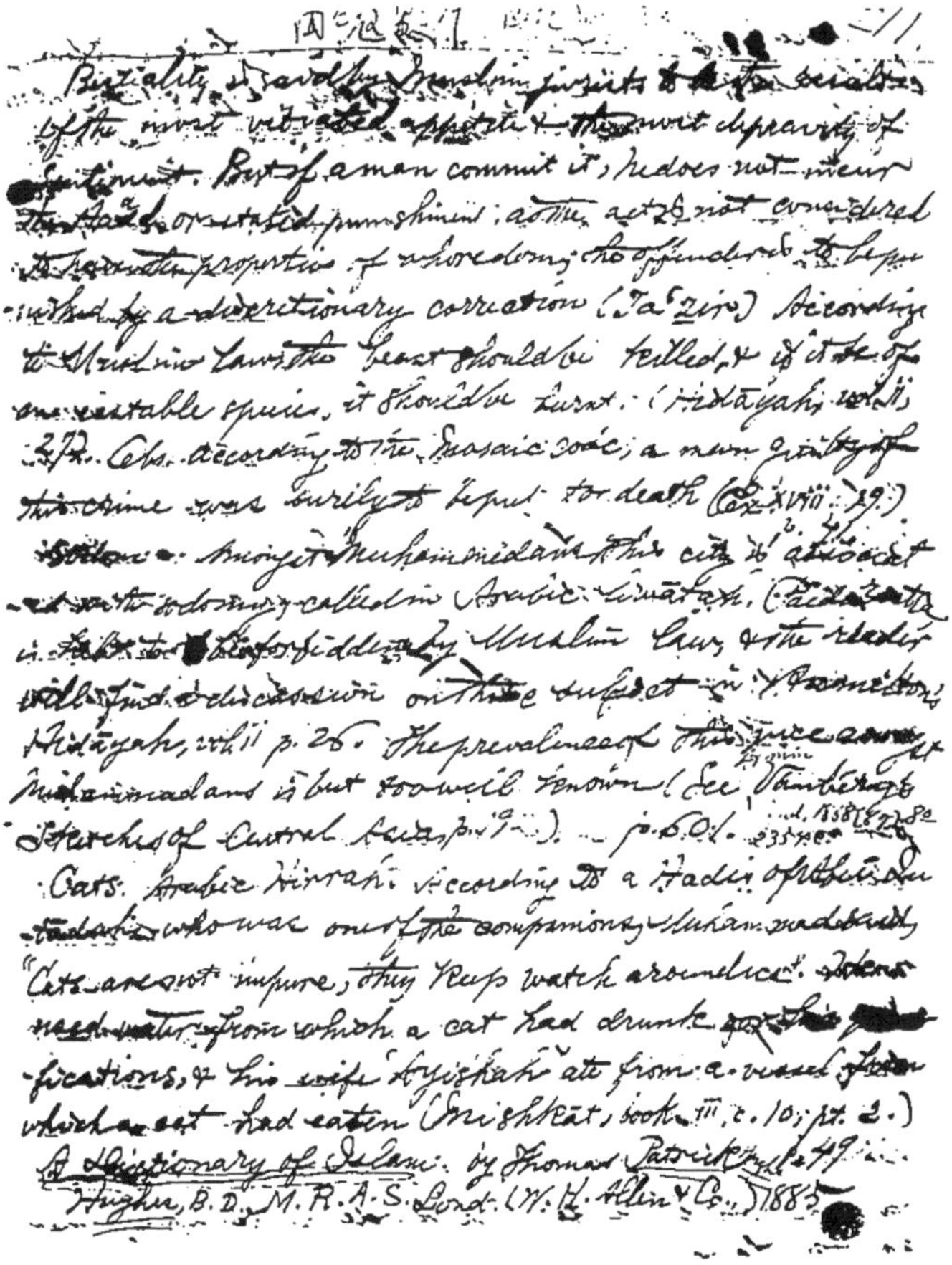
Bestiality is held by Muslim jurists to be the result of the most vitiated appetite & the most depravity of sentiment. But if a man commit it, he does not incur the Hadd or stated punishment; as the act is not considered to have the properties of whoredom, the offender is to be punished by a discretionary correction (Ta'zir). According to Muslim Law the beast should be killed, & if it be of an eatable species, it should be burnt. (Hidayah, vol. ii, 272.) Obs. according to the Mosaic code, a man guilty of this crime was surely to be put to death (Ex. xxii. 19.)
Sodomy. Amongst Muhammedans this crime is called in Arabic Liwatah. ... is forbidden by Muslim Law, & the reader will find a discussion on the subject in Hamilton's Hidayah, vol. ii p. 26. The prevalence of this vice among Muhammadans is but too well known (See Vambery's Sketches of Central Asia, p. 9...). — p. 601.
Cats. Arabic Hirrah. According to a Hadis of Abu Qatadah who was one of the companions, Muhammad said, "Cats are not impure, they keep watch around us." He used water from which a cat had drunk for his purifications, & his wife Ayishah ate from a vessel from which a cat had eaten (Mishkat, book iii, c. 10, pt. 2.)
A Dictionary of Islam by Thomas Patrick Hughes, B.D., M.R.A.S. Lond. (W. H. Allen & Co.) 1885. p. 49

「ロンドン抜書」（南方熊楠顕彰館（田辺市）資料室のコピー）

してある。この内容は、イスラーム法の最重要情報源となる「預言者の伝承（ハディース）」に残されたものなので、信憑性がある。ただし、上でも少し触れたように、この種の話はイスラームで全般的に犬が毛嫌いされる中で、それとの比較の上で（犬より）不浄でないという意味であって、猫が清浄で愛すべきである、と積極的に言っているわけではない。その一方で、イスラームでは神の被造物としてのあらゆる動物愛護の精神が常に存在している。

イスラーム全般においては、特に猫が愛すべき動物であるという決定的な証拠は、これまでのところ見出すことができなかった。一般に、猫は神が創造して生命を与えた動物として愛すべきという考え方はある。むろん、猫以外の動物も愛情をもって接することが勧められる。さらに猫は、ネズミ、サソリ、カラスなど人間に害を与える動物、生物を捕まえるので、重宝されてきた。『ペルシア史』やホイッチングトンの物語にも記されているように、商人たちが海の旅に猫を鼠対策として連れて行くことは普通であったと言われている。このように猫はイスラーム世界でも「益獣」とみなされていたようだ。

ところで、「猫」論文で決定的ともいえる重要な根拠を提供した話はペルシア（イラン）での出来事である。したがって、ここでいくつかの資料に基づいてイラン人の間で猫がどのように扱われてきたのか見てみよう。

一例としてペルシアのサファヴィー王朝（一五〇一～一七二二）後半に、宗教学者、指導者として幅広く活躍し、シーア派の聖者イマームに関する伝承を収集した百巻を超える大著、『光の海（Bahr al-Anvar）』の著者として知られるマジュリスィー（Molla Mohammad Baqer Majlisi）の『敬虔の顕現（Holliyat al-Mottaqin）』を見てみよう。この書物は一七世紀ごろまでにイラン人の間で信じられてきた俗信、迷信などをシーア派イスラームの霊的権威イマームの伝承に基づきコメントを加えたものである。その中で、「動物を飼うことについて」「犬を飼うことを禁じることについて」「様々な動物に関すること」という項目がある。家畜、特に鳩、鶏については、預言者が奨励し、子供たちにも害がないことから問題ないとされる。最初の項目では、事細かに鳥類に関する記述がなされている。イスラーム教徒の鳥に関する関心の高さがうかがえる。今問題になるのは四足獣である。ムハンマドの最初の関心であったのは、羊と山羊である。例えば、六代目イマーム、ジャファル・サーデク（六九九―七六五）は羊を飼うことの恵みを認める預言者の伝承を承認している。一方、犬はイスラームでは不浄な動物として知られ、忌み嫌われている。狩や牧羊犬として飼うことは問題ないとされるが、犬の飲んだ水の残りは不浄であるとして、礼拝前の清めに用いることは許されない。この点で上記の猫の場合とは異なる。

「様々な動物に関すること」では、様々な動物についてそれぞれの特徴が述べられている。例えば、兎は自分の夫に奸計を企み、生理や夢精の際洗浄しない、また鼠はユダヤ人の仲間であって、神は彼らに怒りを下される、などの記述がある。後者については短い記述ではあるが、イスラーム教徒の間では鼠が嫌われていたことが分かる。ただ、イスラームでは、ユダヤ教徒もキリスト教徒同様、「啓典の民」であって、イスラーム共同体で居住することは問題ないと考えられている。上記の項目に出てくる動物を見ると、鳥類はともかく、四足獣については以下の通りで、その中に猫は入っていない。すなわち、ライオン、牛、象、駱駝、馬、狼、ジャッカル、犬、驢馬、ガゼル、サイ、ひょう、兎、熊、猿、鼠である。ちなみに中世以来イスラーム教徒の間で読まれた『創造の不思議（Ajayeb al-Makhluqat）』を参照してみても、ヤマネコに関する記述は見られるが、家庭で飼われる猫（家猫）の記述は見られない。

一方、サーデク・ヘダーヤット（Sadeq Hedayat、一九〇三〜一九五一）『欺きの薗（Neirangestan）』には、猫に関する記述がみられる。ヘダーヤットは近代イラン文学を代表する小説家で、カフカの影響を受けながら近代イラン社会の抱える内面的問題に関する作品を発表した。この人物は反イスラーム的知識人として知られており、イラン人のアイデンティティーの根拠をイスラーム以前の古代イランの栄光に求めた。『欺きの薗』第一八章、「家畜と獣」で、数種類の動物についての記述があり、その中に猫に関する民間での受け止められ方が書いてある。

それによると、

①犬と猫の血は凶兆である。

②猫が門の前で手で顔を洗えば、来客がある。
③猫が手で顔を洗えば、「金持ちになったら、肉を手にさせてやる」という、そうすれば必ず金持ちになる。
④猫がある人の前で自分を掻けば、その人に悲しいことが起こる。
⑤死んだ猫は家の壁越しに外に捨てなければならない。
⑥猫に水をかけると、手の甲に疣ができる。
⑦ライオンがくしゃみをした拍子に、猫が鼻から生まれ落ちた。それで猫は高慢である。
⑧黒猫はジン（悪魔のような存在）である。それを傷つけたら、癲癇になる。
⑨猫に食べ物を与えるとき、「神の名において」といわなくてはならない、あの世で猫に「神の名において」と信仰告白させるためである。
⑩猫は家に馴染み、犬は飼い主になれる。
⑪イマーム・アリーが猫を可愛がり、手で背中を撫でた。そのため、猫は決して背中を地面につけない。

以上の項目を見れば、日本人にもなじみのある内容がみられるが、概して猫に好感を示す項目はない。世界中で猫はその気まぐれ、媚びを売る性格から魔性を持つ動物とみなされ、嫌われてきた一面がある。その中で注目すべきは⑪であろう。イマームとはシーア派信仰の中で中枢を占める霊的指導者のことで、特に初代イマームのアリーは格別の位置を占める（『シーア派イスラーム　神話と歴史』京都大学学術出版会、二〇〇七参照）。この人物がいなければ、シーア派信仰そのものがないわけであるから、彼に対する信者の尊崇は並外れたものである。そのイマームが猫を可愛がったのであるから、この点を考慮すれば、確かにイスラーム（ここではシーア派）では猫は愛すべき動物と考えられていたと言える。おそらくこれは猫が背中を打つことなく敏捷に着地する性質を表したものであると推測できる。多分重点は猫よりイマーム・アリーなのだと思う。

それでは次にイスラーム法では猫はどのように理解されるのか見てみたい。シーア派ではイスラーム法の基本をなすものが『諸問題の解説（*Towzih al-Masa'el*）』である。シーア派ではすべての学僧は最高レベルの宗教学者（モジュタヘド）として認定されるために、いわば博士論文のようなものとして法学的問題に関する自己の見解を書物の形で表明する必要がある。それが『諸問題の解説』である。それぞれの宗教学者によって表明されたほとんどすべての『諸問題の解説』はほぼ同じ内容である。ただしいくつかの問題に関しては、それぞれの学者独自の判断が下されることがある。例えば、ホイー師（Haji Sayyed Abd al-Qasem al-Musavi al-Khoi'）の『諸問題の解説』問題番号562によれば、

犬や豚、あるいは啓典の民でない異教徒についても、その食べ残しは、必要上の注意として、不浄で

あり、それを食べることは絶対禁忌（haram）である。肉が絶対禁忌である動物の食べ残しは、清浄である。そしてそれを食べることは、猫は別にして（猫ならよいが）、忌み嫌われる（makruh）。

また、同じく中世におけるシーア派の法学者、ヒッリー（Mohaqqiq Hilli）の『イスラーム法（Shara᾽ye al-Islam）』によれば、犬も猫もともに飼われていても、野生であっても、絶対禁忌である、と記している。しかし、翻訳者の註によると、まず犬について書かれた後で、猫に代えて豚について述べたのである、という。その理由として、犬と豚が絶対禁忌であることは了解事項であり、猫については（分類が異なり）獰猛な動物として扱っていることから、同じ範疇の動物でないことが明らかであるからだ、という。獰猛な動物というのは、爪を持った動物で、ライオン、豹、パンサー、狼等であり、弱いものとしては狐、ハイエナやジャッカルがいる。どうやら猫はイスラーム教徒の間では、獰猛な動物に分類されていたらしい。おそらくこれは家猫ではなく、ヤマネコ（砂漠ネコ）であったと推察できる。少なくとも中世期の末ごろのペルシアでは、愛玩用など家猫の存在は認められないようである。

猫が概して魔性を持っているとみられたことについては触れた。熊楠は『南方随筆』の「猫を殺すと告て盗品を取り戻すこと」において、「トランスカウカシアのオッセテ人」の間で猫が呪いに用いられる事例を紹介している。これは平岩の説明でも同じである。古代エジプト同様、猫の瞳の形は光

砂漠ネコ、ヤマネコ（Ajayeb al-Makhluqat「被造物の驚異」中世の書物）

の強弱に応じて変化することから神聖とみなされた。しかしながら、平岩によると、中世のヨーロッパにおいて、猫は魔女の迷信と結びついた結果、神聖ははく奪され、魔物として扱われることになる。それは一八世紀まで続いたと言われている。

次にイスラームのスンナ派の伝承集から例を取ってみると、ブハリー（al-Bukhari）、ティルミズィー（Tirmidhi）などにおいて、預言者の言葉として、「それ（猫）は不浄ではない。それは私たちが世話をして生活する生き物のひとつである」と言われている。この言葉が発せられた状況は次のとおりである。

カアブ（Ka'b）の娘、キャブシャ（Kabshah）という女性について次のように言われている。すなわち、義理の父親アブー・カタダ（Abu Qatadah）が礼拝の浄めを行うための水を器に注いだ。そこへ猫がやってきて、水を欲しがった。そこでアブー・カタダは猫に水を飲ませるために、器の向きを変えてやった。彼はキャブシャが不思議そうにしているのに気づいて言った。「アッラーの預言者は猫について、『それは不浄ではない。それはわたしたちと一緒に生活する動物の一つである』とおっしゃったのだよ」。

この伝承をめぐっていくつかの意見がある。第一の意見は、預言者がこのように言ったのであるから、水は不浄ではないという立場である。すでに上で紹介したように、預言者の妻アーイシャが猫の飲んだ水を不浄とみなさなかった、という伝承もある。これに対して、ハナフィー派（スンナ派の法学派の一つ）の公式の法学的立場によると、（猫が飲んだ）水は不浄である。しかし、不浄の度合いは低いと考える。そのような水を礼拝用の水に用いることは好ましくないが、禁じられることはないという立場である。この学派では、「もし猫が皿から水を飲めば、一～二度洗えば清浄になる」という伝承を引用する。筆者の知る限り、この原則は犬についてもある程度適用される。

猫が飲んだ水が清浄かどうかという伝承の問題点は、果たしてこれが真に預言者の言葉にたどれるか、という点である。一般にこの議論は犬が飲んだ水について行われるので、猫はあくまで二次的であると考えられていることである。イスラームにおいて犬が忌避されていることは明らかで、豚ほどではないにしても一般に我々の間でもよく知られている。

熊楠が知っていた『ミシュカート・アル・マサービーフ（Mishkat al-Masabih）』は「清め」の章で犬の不浄さを述べている。ただ、『ミシュカート・アル・マサービーフ』では、家畜や野生の動物がやって来る水場の水についても水汲み用の容器二杯分以上の水量があれば不浄ではないとか、信者の持ち物である容器の水を犬が飲んでも、七回洗えば清浄であると予言者が述べた、とも言われている（88頁を参照）。また、Hilli に関して述べたように、犬は牧羊犬としては重要なので、ムハンマドはこの目的のために犬を飼うことは、禁じていなかった。前にも触れたが、現在イランでは若い人を中心に、犬をペットとして飼うことが行われている。この風潮に対してシーア派の最高権威の一人であるシーラージー師は、欧米の習慣を模倣するものであるとして非難宣言を行っている。一方、猫についてはは基本的にどうでもよいという態度である。いずれにしても、犬はイスラームで嫌われており、猫はさほどではないと言っても、印象としては犬との比較の上でのようだ。対比の上で猫は「犬よりまし」という感じである。同様の事例は、少し前に紹介したヒッリーの事例で、豚との対比で猫の方が「ましである」という扱いを受けていた場合にも見られた。

上記の伝承の意味をめぐって、シーア派の学者の間にはまだまだ複雑な議論があるようだがこれ以上踏み込んでもあまり実りが多くないようなので、この辺でやめる。一点だけここで付け加えておきたいのは、二〇一四年一一月二九日、イランの宗教都市コムでの出来事である。筆者は当時世界を不安に巻き込んでいたイスラーム国（IS）に反対する国際会議に参加していた。会議はアラビア語で論者が一日中あれこれ熱弁をふるっていて要領を得なかったが、会議終了後会場近くの本屋に寄った時、たくさんの宗教学者がいた。そこで猫の話をもち出していくつか質問してみた。答えはこれまで本章で述べてきたことと大差はなかったが、一人の宗教学者がいったん立ち去りながらまた戻ってきて、「猫が好かれないのは毛のせいである」と言って、立ち去った。これは新情報であったが、後日、別の人からも同じ話を聞いた。

このようにみてくると、全体として必ずしも猫が積極的にイスラーム教徒に好まれていたことを示す伝承がなく、犬や豚と比べた場合多少好意的にみられていたことが分かった。熊楠はすべてヨーロッパ人の手になる旅行記や記録に基づいて、死鼠がイスラーム世界を通過して猫に変わったという興味深い仮説を立てたが、この点について次節で若干考察することが必要である。

5 考察

以上、「猫」をめぐる状況について考察を行う材料が大体揃ったと思う。本章で扱う「猫」論考のポイントをまとめると、

①ヨーロッパでホイッチングトンの物語についての関心が高かった。

②数ある研究の中でケイトリーの『ノーツ・アンド・クェリーズ』誌上の記事やクラウストンの

Popular Tales and Fictions が重要であって、熊楠はこれらの文献に関心を示していたが、クラウストンの書物は格別に重要であった。

③その理由は、ロンドン滞在期間に本格的に資料収集に取り掛かった民俗学的関心とかかわっている（ロンドン抜書）からである。

④帰国後、那智滞在期間、さらにそれ以降、クラウストンを再読し『大蔵経』などを広範に読み漁り、比較民俗学的方法が打ち立てられる途上にあったが、この間に「死鼠」の話を『大蔵経』中に発見した。同時進行的に「猫」の準備がなされていたと考えられる。

⑤同時に「燕石考」など「とっておき」の自信作をまとめたが、ネイチャー誌、サイエンス誌などにも採用されることなく、学問的に人生の先行きについて失意の状態にあった。

⑥転機は思わぬところからやってきた。「神社合祀問題」とのかかわりで柳田国男との文通による交際が始まり、「猫」によって全国誌上での進出を果たすことができた。

⑦「猫」執筆の主要な目的は、上記クラウストンの著作にあるホイッチングトン譚のルーツがインドにあることを「伝播説」に従って探ることである。

⑧この話のヨーロッパでの流布状況、イスラームコネクション、インド起源に関する仮説など、論考の大部分はほぼすべてクラウストンによって準備されていた。

⑨熊楠はクラウストンの提示した仮説の大本になっているこの話のインドルーツを『大蔵経』の鼠

金舗主の話に見出した。

⑩仏教の話が形を変えて現行のヨーロッパのホイッチングトン譚となって伝わったことは疑いを入れず、イスラーム教徒がこの話を取り扱ってから、そのようになったのであって、イスラーム教徒は仏教徒が嫌悪する動物、猫が非常に好きで、鼠と取り換えてしまったのである。さらに、主人公が最初非常に貧しく惨めであり、動物を売って航海を行うことで巨大な富を得たこと、さらに最初は不親切であった主人の娘と結婚する、などの共通点がある、というのである。

確かにホイッチングトンの話と鼠金舗主の話は物語の組み立てが近似している。直接『大蔵経』からの影響か『ジャータカ』など他の文献の影響かの判断は筆者にはできないが、後のイギリスとインドとの関係を考慮すれば、インド起源の蓋然性はかなり高いかもしれない。この話が北回りか南回りかいずれの経路で伝わったかについては、イギリスでのホイッチングトン譚の成立の時期が判明すればおのずと確定できると思う。

問題は死鼠が猫に変わった過程について下した熊楠の判断である。本章では、その他の資料に比して熊楠のイスラーム関係の資料の扱いがやや不用意であるように思われる点、特にヨーロッパ人研究者、旅行者、外交官の記述を安易に受け入れている点を指摘したい。一例をあげると、クラウストンはオースリー（Sir Gore Ouseley）の *Bibliographical Notices of Persian Poets* からイスラームコネクションを示す資料を引用しているが、オースリーの翻訳は大筋では正しいものの、抄訳にすぎない。細部において異同がみられる。たとえばカイスは母親をシーラーフに残して兄弟と共にカイス島に移るが、そこでの生業は漁師で大変苦しい生活であった。ペルシア語版では、カイスが一王朝を打ち立て繁栄したことが要点であって、母親は特に重要ではない。ケイトリーはホイッチングトン譚でペルシア語の話だけが史実であるとして、他はすべて作り話であるとする。また息子たちは母親の「成功」以前にある程度自立していた。さらに、ペルシア語版では、インドの王が動物の名前を知らないので、商人が教えるとき、ペルシア語でゴルベ（gorbeh）、アラビア語でシンナー（sennawr）であると述べていて、インド人が猫を知らない様子がうかがえる。一方『大蔵経』では、死鼠が「柱につながれた」猫の餌となる。熊楠は『ノーツ・アンド・クェリーズ』の翻訳ではご丁寧に、"Now the keeper of the cat appeared, and after a brief bargaining with the lad bartered two handfuls of peas for the dead rat, with which to feed his pet animal cat."（大意　さて、猫の持ち主が現れて、若者と手短に交渉を行い、手のひら二杯分の豆と死鼠を交換した。自分の飼いネコの餌とするためであった。――傍線部筆者）仏典では、「童子取鼠詣大市中。見有飢猫繫頸於柱。以鼠示之」となっており、確かに猫は首を紐か何かでくくられて柱につながれている。冒頭で少し触れたが、熊楠の猫はナメクジ駆除の助っ人であったように、猫は元来益獣として鼠、蛇、サソリなどから人間を守る役割で飼われていた。昔船乗りたちが荒海に出かける際、猫を鼠などの害獣対策に連れて行くのは普通の事であった。わが国では平安時代に、猫は単に役に立つという理由からだけではなく、ペットとしても飼われていたらしい。放し飼いが普通であったようだが、平岩によれば、『源氏物語』に、なつかない猫が綱《つな》でつながれているという記述があることを紹介している。いずれにしても、ペルシア語版では、インド人は猫を全く知らないのに対して、『大蔵経』では猫が飼われている。もちろん猫は主役ではない。

猫の原産地はエジプトあたりだと考えられているので、猫伝播の経路から言えばペルシアの方が古い（アケメネス王朝時代、紀元前五〇〇年頃）という。インドに家猫《いえねこ》がもたらされたのもほぼ紀元前五〇〇年頃であろうと言われる。中東の商人たちがもたらしたとされる。しかし、インドにはかなり昔から猫がいたという説もあるので、一概には言えない（既住の山猫だと思われる）。ヨーロッパには二世紀ごろには家猫の存在が確認されるらしいが、これはローマ人のエジプト支配と関係があるようだ。イギリスの交易の拡大に伴う外部世界、特に中東やインドからの文物の流入が著しくなるのは、一六〜一七世紀ごろ考えるのが常識的であろうから、イギリス本国でのホイッチングトンと猫の話の初出が一六〇〇年頃というのは納得がいく。

少し話が脱線したが、それではイスラーム世界で「猫が事の他好まれていた（Their particular fondness for the cat)」と言えるのだろうか。4節で解説した通り、「猫」の論旨から言って、この点は極めて重要である。この論考の面白さの一つは、死鼠がイスラーム世界を通過することによって、猫に変わったという点にある。クラウストンや熊楠は明らかに文化の伝播説を信奉しているので、イスラーム教徒が猫好きでないことが分かれば、論考自体の根拠が薄弱となってしまう。

本章では、ペルシア（イラン）を中心に、イスラーム世界における猫の位置づけを調べてみた。その結果は必ずしも熊楠が考えていたように、イスラーム教徒の猫好きを積極的に示す証拠を見出すことができなかった。熊楠がこのように考えた原因は何か。それは熊楠が西洋人の記録を比較的無批判に受け入れたからである。同時に、これは世界規模での文化伝播説を立論・証明することの困難さを物語っている。すでに触れたとおり、この問題は大きすぎるので本書ではこれ以上立ち入って論じることができない。ただ、有名な熊楠と柳田の研究の路線論争として知られる大きな、しかも極めて重要な問題群を含んでいることは疑いない。

とまれ、イスラーム世界における猫の位置をもう一度まとめると以下のようになる。イスラーム教徒全体について言えば、犬が毛嫌いされていることはよく知られている。例えば犬が水を飲んだ後の器は七回洗浄しなければならないが、猫は一〜二回で良いという伝承がある。また預言者ムハンマドの愛妻アーイシャにまつわる事例では、明らかに猫は不浄視されていないように見える。ただ、宗教学者ヒッリーで示した事例もないわけではなく、猫もあまり清浄とはみなされていなかったようだ。イランの事例で明らかなように（サーデク・ヘダーヤットなど）、一般に猫に対する関心は高くなく、印象としては犬よりは清浄であるようだが積極的にイスラーム教徒が猫好きであることを示す証拠を見出すことはできなかった。犬ですら猟犬、番犬として必要性を認められているのだから、それなりの「益獣」としての位置づけがあった。繰り返すが、ムハンマドが猫好きであったという話はともかく、イスラーム教徒が猫好きであるという話にはあまり根拠はなさそうである。総じて関心はあまりないというのが真相のようである。

6 まとめ

熊楠の比較説話学的、民俗学的論考を、現在の情報過多の状況にある我々の立場から批判してみてもあまり意味がない。ただいくつかの点を指摘することはできるだろう。まず、「猫」論考のポイントは、『大蔵経』の記述の発見である。それを単に事実として示すだけではなく、熊楠はホイッチングトン譚の起源であると解釈した。ヒントはクラウストンによってかなりの程度与えられていたとはいっても、これは大胆で興味深い仮説であった。一九世紀から二〇世紀の時代にかけての時代の反映ではあっても、世界を繋ぐ巨大な視野がそこには前提されている。問題は論証の過程で、①西洋人の残した旅行記、学説などを比較的無批判に受け入れているように思われること、②その結果、イスラーム教徒の事例などで正確な考証が必ずしもなされていない点を指摘しなければならない。あえて熊楠の弱点を重箱の隅をつつく思いで探しているのではない。「猫」の論証において、極めて重要な位置を占めるはずの地域に関する情報が、欧米人の旅行記などの記述から安易に取られているように感じられたので、指摘したのである。

最後に熊楠はほぼすべての研究を「単独で」行った点を指摘しておこう。現在であれば、共同研究が当然のように行われるが、熊楠は膨大な資料を一人で処理しようとしたように見えるので、生身の人間にとっては達成不可能な企てである。ただ筆者は、勉強、知識との格闘はみんなでやれば楽しいかもしれないが、一人で気のすむまでやることに意味があるように思う。たとえ一人の人間の能力には限界があったとしても、嬉々として無限の知識の海へ漕ぎ出す人間を何人も嘲笑したり、批判したりすることはできないだろう。この点では筆者は熊楠に心から共感する。ただし、その企てには出発点ですでに達成に至る大きな障壁があったことは認めざるを得ない。

第3章　南方熊楠と比較宗教学
——在英期間初期までに読んだ文献

前章において熊楠の文献操作の問題点を検証した。「猫」が書かれたのは厳密には帰国後であるが、その基本的な草案はすでに英国滞在期間に胚胎していたと考えられる。四〇代の半ばに「猫」が書かれたのだが、年齢的には学者として円熟期である。それでは熊楠が英国に渡ってさほど時間が経過しない時期に彼はどのように文献を読んでいたか、本章ではそれを検証してみたい。ここでは比較宗教学に関連する著作を数点扱うが、その文献を熊楠は在米期間に読んだと述べている。一方は文字通りの比較宗教学的な作品、他はキリスト教に関する書物であるが、後者はかなり深いレベルでイスラーム史との比較検討を含んでいる。この二冊の書物について法龍に内容を報告するのだが、現物を目の前に置いて記述しているのではなく、昔読んだ本の記憶に頼って解説している。このやり方自体問題があると言えるが、多少の事実関係に誤りがあったとしても、書物の本質的な内容が正しく、正確に伝えられていれば、解説あるいは紹介の目的は達成したと言えるだろう。

熊楠の土宜法龍宛の書簡を時系列的に配列してその内容をつぶさに検討してみると、彼の「比較宗教学」に対する関心の強さが判明する。在英期間の書簡は一八九三年一一月初から九五年一月末まで、およそ一年二か月間交わされた。頻度にばらつきがみられるものの、この時期に熊楠がどのような関心持っていたのかを知ることは、比較的容易である。次章でも述べるように、もともとこの書簡は法龍の側からの情報提供の要望に応じて熊楠が手元にある情報を伝える、という役割を負わされていた。しかしながら、時間の経過とともに、さらに新たな情報の獲得によって、書簡の内容が変化してゆくことは当然である。彼が生涯を通じて宗教の働きに関心を示していたことは明らかで、この書簡を通じて彼の宗教研究の実情を知ることができる。当時まだ若干二五歳前後の若者であるから、同時代の世界宗教に関する知識が世界水準にあったなどとは到底考えられないが、筆者に関心があるのは、法龍とのやり取りの中で彼が提供する情報の源である。さらに、熊楠は法龍に提示する情報をどの程度咀嚼したうえで発信していたのかという問題である。熊楠が地球規模における比較学の先駆者と評価される背景には、当時の日本人としては稀有の長期にわたる欧米「留学」経験があった。当時のイギリスには何十人もの公費(官費)留学生が滞在していたとはいっても、この経験がなければ、熊楠の少なくとも民俗学的業績にそれほどの注目が払われ、高い評価が下されたとは考えにくい。西洋「留学」は現在とは異なり、当時まだまだ珍しかったのである。明らかに熊楠の学問の枢要部分は、西洋起源であった。この点はどれほど強調しても、強調しすぎることにはならないだろう。

にもかかわらず、これまでの熊楠研究においてはアメリカ、特にイギリスでの生活の細部にわたる調査はなされてきたものの、実際熊楠が何をどのように読んで、どの論文でどのように活用したかなど肝心要の研究の中身に関する調査が少ないことが分かる。ようやく最近になって、すべての英文論考の翻訳が出版され、出そろったことは、熊楠研究の進展にとって画期的なことであった。しかし、彼が『ネイチャー』や『ノーツ・アンド・クェリーズ』に投稿したいくつかの重要論文は、多種多様な資料を渉猟し引用した結果、普通に読んで即理解できるような内容ではない。何より学的作業において必須とされる資料考証が適正であるのかどうかについても、不明な点が多い。現実には熊楠が論考の中で実際に用いた広範囲な欧文(特に英文が多い)資料の確認作業は、全く不十分と言わざるを得ない。

さて、当時の世界宗教についての熊楠の知識であるが、この問題について上記期間に書かれた書簡に見出される資料の数はそれほど多くない。言及された著作の中で特に重要と思われるものを列挙してみると、Cornelis Petrus Tiele, *Outlines of History of Religion: To the Spread of the Universal Religions*, 1877; James Freeman Clarke, *Ten Great Religions: An Essay in Comparative Theology*, 1889; J. W. Draper, *The History of the Conflict between Religion and Science*, 1873; Max Muller, Chips from the German Workshop, 5 vols., 1867-75; Monier-Monier

Williams, *Buddhism in its Connexion with Brahmanism and Hinduism and in its Contrast with Christianity*, 1889などである。

アメリカでのおよそ五年半の滞在が所期の成果を生み出さなかったため、熊楠は米国に見切りをつけ一八九二年九月二六日、ロンドンにたどり着いた。一年後の一八九三年の後半、まだ新しい環境になれず、学業が軌道に乗っていたとは言えない段階であろうが、ひょんな幸運から大英博物館で資料整理の補助をしたり、同博物館所蔵の図書を自由に調査したりできるという、当時の日本人としては「破格」の好条件を手にしていた（一八九三年九月の末頃）。ちょうどそのころ、アメリカのシカゴで開催された万国宗教会議に出席した真言宗の僧侶、土宜法龍との出会いがあった（一八九三年一〇月三〇日）。これまで熊楠研究で至宝のごとく扱われてきた二人の書簡の第一期交換が一五か月ほど続くことになったのである。熊楠は体系的な思想を記述しない傾向があるので、彼の「思想」理解においてこの往復書簡が重要視されたのには十分な理由がある。ただし、熊楠自身、書簡が知識の貯蔵所（あづけどころ）として重要であるとか、自身の書簡が「科学上最も細密なる長論」であると述べていたとしても、筆者には必ずしも思想の表明、説明とは言いにくいのではないかと思う。膨大な書簡を読めば、必ずしも思想的一貫性を見出すことができない点で、これを西洋な著名な思想家の思想形成の有効手段としての書簡群と同列に並べるのは正確ではないように感じる。

いずれにしても、この大量の書簡の中で、本章では、一八九三年一二月二一日に書き始められた長文の書簡を取り上げる。そこでは上記書物について言及されている。それらの書物は、熊楠の言う通りであれば、読んだことが確実な書物である。テーマは大まかに言って「比較宗教学」である。書簡の受取人が宗教家である法龍であったため、宗教が中心の話題になることは不可避であった。さらに、法龍は個人的関心と同時に、年下とはいえ長年海外で研鑽してきた熊楠から「生の」情報をあれこれ聞きだしたかったのであろう。様々な質問をしている。一方熊楠も、博物館での実際的必要があって、仏教界で長年生活してきた有能な僧侶から仏像や仏教の教義などについて色々尋ねている。この意味で両者の損得関係はウィンウィンであったと言えるだろう。

この往復書簡を正しく理解するためには、また当時の熊楠の学的水準を測定する上で必須の事項は、上記資料の読みの深さ、正確さ、それに対するコメントの的確さの検証である。これまでの熊楠研究において、この作業はほぼ完全に抜け落ちていたように思う。もちろん熊楠が目を通したすべての資料を検証できるわけではないが、少なくとも本人が読んだと述べ、それについて見解を表明している資料については、できる限り彼の資料の扱い方について丁寧な調査を行うことが不可欠である。

以上の作業を始めるに先立って、第1章で述べた一九世紀イギリスの世界制覇の歴史とは別に、筆者は一八～一九世紀に至る西洋の思想潮流を把握するために、中世の終焉から啓蒙時代、浪漫主義の時代に至る大きな流れを改めて確認した。その過程で宗教史の研究において甚大な影響を及ぼしていたヘーゲルの著作の検討も同時に行い、後述するように彼の著作の影響をいたるところで感じることができた。

熊楠が具体的に言及している西洋人研究者の著作は以下のとおりである。

①ティーレ（飯倉照平他編『南方熊楠・土宜法龍往復書簡』八坂書房、一九九〇年、74－75頁）（以下八坂本）、

②クラーク（八坂本、75－79頁、世界に存する十の代表的宗教について、比較的リベラルに解説するが結論としてキリスト教を最善の宗教とする発展説である）

③ドレーパー（八坂本、82－83頁）

④マックス・ミュラー（八坂本では非常に頻繁に言及されている。この人物については、次章で少し詳しく解説する）

本章ではこの中から①と③について具体的に検討することにする。

1 *Outlines of History of Religion*——Cornelis Petrus Tiele

本書の著者ティーレ（一八三〇～一九〇二）について、鶴見は『南方熊楠』の中で、「一八七七年ライデン大学にかれのために創設された宗教史の講座の教授となり、爾来二十四年間その地位にあった。

『宗教史概説』（一八七六年出版、一八七七年英訳）『宗教科学の諸要素』（一八九七—九九年）などの著書があり、比較宗教学の草分けである」と紹介している。熊楠は、一八九三年の年末段階で、四年ほど前（アメリカ滞在中のことである）に読んだので、記憶が明確でないと断ったうえで、以下のように述べている。

アムステルダムのチール（Tiele）は、実に万国宗教を集合比較して宗教科学を述べたるものなり。もし一々その所信に入りていわば、仏を信じて正を得ざるものもあるべく、石を配して福を得るものもあらん。故に論ぜず。今はただ宗教の種類ということを同氏の説、記憶のままに述べん。（…中略…）さてチール氏の分類は、たしか左のごとくなりしと存ずれど、はや四年前のことゆえ、たしかに覚えず。

第一に、一物を神として崇むる宗教、野蛮人に多し。妙な石を感得して神力あるものと思い、妙な木を神と思うごとし。また山河を神とするもある。

第二には、物のはたらきを神とする。山に入りて音響の谷に響くを山彦といいなどするごとし。

第三には、祖先を神とす。日本の神教などもこれにや。

第四には、国民教。すなわち一国伝来の古話、伝記を集成して、その国民の他より来歴正しきことを称し、宗教を立つるにや。小生の考えには、神教は実にこの部に入るべしと思えり。この他ギリシア・ローマの宗旨もこの部なりき。またチール氏は孔子・老子の教え、今日の拝火教をもこれに入れし、と記憶す。

第五には、普弘教。すなわち、仏教はアリアン種のインド人に生ぜしが、いまは黄色人種各国これを奉じ、回教はセミチク種に起こりたれど、今はアリアン種のペルシア人、また黄色人種のトルコ人、マレー人も奉ずるごとく、キリスト教もセミチク種の人これを唱えしが、主として今はアリアン種の欧米の白人が奉ずることとなれり。

以上は、ただ今においてその跡につきて論ぜるものに似たり。何となれば、ユダヤ教ごとき、梵教のごとき、主としてその一国民の奉ぜしものながら、今は多人種にも許すこととなれり。ただその徒、かの三大教ほどに多く普弘せぬまでのみなり。また孔子教のごとき、いかにも経義は支那を尊んで荊舒これ膺《う》ち戎狄これ懲《こ》らすとの主義なりしも、〈子、九夷《きゅうい》に居《お》らんと欲す〉の語もありて、とにかく高麗、安南、琉球、日本にも入れり。むかしサーキアジス大王、大軍を率いてギリシアを侵せるを、今の人称してこれ東西人の開化の決戦といえり。熊楠いわく、これ実に宗教上にも大関係ありしことなり。すなわちこの戦にもしペルシア人克《かち》を得たりしならんには、あるいはゾロアストルの教は欧州を被《おお》いたるならん。しかるに不幸にして敗北したるゆえ、そのこと成らず。今はわずかにボンベーに拝火教の一派を残せるのみなり。かようのことなるゆえ、実は右のごとき宗教比較は、一向勝手次第で、どうでもなるものというべし。されど宗教に高下あることはきっとあるなり。木や石をおがむものと、仏教、キリスト教とは、比して同列とすべからず。故に小生は、宗教を知るには木や石や死人の亡者を単に敬懼するようなものはおいて、宗教にして多少の軌範、構成、理論あるものを知りて比較することもっともよしと思う。

引用文の初めのところで、意味不明の言い訳をしてお茶を濁しているが、それはともかく、細部の事実関係の不正確さが散見する。さらに、これまでたびたび指摘した熊楠の理論化を回避する傾向を考慮すれば、天に唾するような記述である。熊楠は比較に際して宗教の「軌範、構成、理論」を比較すべきであると主張しているようなのである。いずれにしても、この記述は記憶違いを差し引いても、原著者の意図からはかなりかけ離れたものであると言わざるを得ない。はたして、「……実は右のごとき宗教比較は、一向勝手次第で、どうでもなるもの」と言えるのかどうか。もちろん、ティーレが意図していたのは、いくつかの宗教を並べて比較するというような単純なものではなく、一九世紀において徐々に形成されつつあった比較宗教学の方法に基づいて記述されていた。それによると、

進歩の仮説、そこから宗教の歴史が始まるのであるが、これによってすべての宗教が唯一の歴史以前の宗教に起源をもつとか、あるいは異なった系統の諸宗教が、思想上は関連しているが起源的には独立している――これは蓋然的にありえない過程であるとはいっても――できる限り区別された形態から生まれたのかどうか、決定できない。しかし、その基本原則は、諸宗教におけるあらゆる変化と変態が、それらが衰退あるいは進化を示唆する主観的見解から生じるとしても、自然的成長の結果で

あり、そこに最良の説明を見出すのである。宗教の歴史は、個の発展がそれらを取り巻く環境や特定の人格の影響と同時に、民族や人種の性質によって決定される方法を明らかにし、その発展が支配され確立された諸法則を明示するのである。このように考えれば、それは真に歴史であって、形態学的な諸宗教の配列ではない。後者は恣意的な基準に基づくものである。（なお、本章で用いられる翻訳はすべて筆者によるものである）

このように、ティーレの構想の特徴は、現存する多様な宗教を展示室のように数多く並べるのではなく、宗教の自然の発達、国民、民族との関係、さらにそれを取り巻く環境の影響を考慮しながら、その本質を探ることである。この点で興味深いのは、ティーレが次のように述べていることである。

しかしながら、単なる概説とはいっても、私の歴史は宗教というもの（religion）の歴史であって、諸宗教（religions）の歴史ではない。（傍線筆者）二つの方法の相違については、「はじめに」で説明してある。それは同じ歴史なのであるが、異なった観点から考察されている。前者は後者に隠されているのだが、前者の目的は我々が宗教と呼ぶ大いなる心理現象が、世界中の異なる人種や民族の間でそれほど多様な形態をどのように発展させ、顕現させたかを示すことである。それによって、すべての宗教は、非常に文明化した民族における宗教であっても、同様に単純な起源から成長を遂げることを我々は理解し、さらにそれによって、これらの起源はある場合において、それほど豊かで賞賛を受ける発展を遂げ、また他の場合には、ほぼ全く成長しないことを知る。また、私は自分の歴史を何らかのアプリオリな哲学的基盤に基づかせることを良しと考えていなかったのである。

この引用とは裏腹に、ティーレの記述から判明することは、特にその Introduction（「はじめに」）を見れば明らかなように、彼の方法は当時（初版時一八七二年）の流行思想の影響が垣間見られる点である。例えば、進化思想、民族宗教、法則、連続などである。本書は小著ながら、またそれ故に、事実の羅列ではなく、宗教の基底に共通する特徴を分析的に記述、解説する意図がある。特に民俗宗教に関する関心が高い点は、半世紀以上前から当時のヨーロッパで影響力を示していたヘーゲルの歴史哲学、宗教哲学に見られる近代的国家の形成と宗教の関係、連続的発展とその分析の影響があると考えられる。

筆者の見たところ、一九世紀のヨーロッパを風靡していた民族主義、民族国家の形成、それを支える屋台骨としての宗教、さらに宗教の新時代に応じた解釈などの問題群について、熊楠には十分に把握できていない印象がある。熊楠は比較的単純に多くの人に受け入れられた大宗教を中心として比較を考えているのに対して、初期的な企てとはいっても、ティーレの構想は、熊楠自身の言葉を借用すれば正しい意味で「宗教科学を述べたるもの」を目指す試みであった。

したがって、次に示す引用中のティーレの宗教の五分類は、「系図的関係という表現は諸宗教の系列を意味しており、明らかに諸宗教の一つが他の宗教に先行しているかどうか、あるいは双方ともに第三の宗教に先行しているのであって、これが私たちに歴史的に知られているか、あるいは先史時代に言及しなければならないか、いずれかである」という考えを踏まえたうえで、なされたものである。

その五分類とは次の通りである。

①今日見られる多神教的呪術的部族宗教から、我々はアニミズムを知ることになるだろう。これは我々が歴史によって知る諸宗教に先行したものに相違なく、それら諸宗教の基盤となるものである。一層文明化したアメリカ人（メキシコ人やペルー人）、さらにフィンランド人の例から、たとえ放置されていたとしても、前進する発展が好条件のところでは、アニミズム的宗教によって達成されるかもしれないことがわかる。このことによって、以下で扱うことになる「宗教というもの」の正しい歴史絵の変遷を形成するのである。

②中国人の宗教

③エジプト人、セム人そのもの、北部セム人、あるいはメソポタミア人、彼らとの関連でアッカド人の宗教、これはすべての北部セム系宗教を支配している。これらを論じる。

④インド—ゲルマン系の人々の宗教、彼らはセム人やアーリア人、インド人、イラン人、letto-slaves およびゲルマン人とほとんど関係を持たなかったか、全く関係を持たなかったかのいずれ

かである。

⑤インド―ゲルマン人の宗教、彼らの宗教には民族的要素が補填されており、北部セムまたはハム系の起源、すなわちギリシアやローマ人との混合がみられる。

ティーレの主要な関心は、この著作の執筆時において、「宗教というもの」の歴史であって、「様々な宗教」の歴史ではない。つまり、すべての宗教に共通する本質的な性格を見出すことであった。宗教の起源として、心理的要因、アニミズムなどに注意を払いながら、世界中の宗教の現出の仕方を述べている。そして、それぞれの宗教が形成された時期までを扱っている。繰り返しになるが、ティーレのシステムにおいては、進化、近代的国民国家形成に果たす民族宗教の役割、法則化など、一九世紀ヨーロッパが切実な問題として抱えていた問題群を明瞭に読み取ることができるのである。現代人の価値から判断して、このような視座が正しいのか誤っているのかは、当時の歴史的状況と比較すれば大きな違いがあるだろう。確かに時代が思想を作るのである。ただ、実現こそしなかったが、熊楠が八坂本（79頁）で述べている父親の供養のために将来やってみたいという比較宗教の構想とは相当の隔たりがあると言えるだろう。

2 *The History of the Conflict between Science and Religion*——John William Draper

本書は、いわゆる「衝突論（conflict thesis）」の嚆矢として知られ、ホワイト（Andrew Dickson White, 1832～1918）の*History of the Warfare of Science with Theology in Christendom*（1896）とともに科学と宗教の抗争を扱った著名な書物である。タイトルが示すように、この本は比較宗教の書物ではない。しかしながら、その中で西洋の歴史における事例を中心にキリスト教のカトリック教会が犯した大きな誤りを批判するために、著者のドレーパーは「先進的な」イスラームの歴史を引き合いに出して、カトリック教会の「後進性」を弾劾するのである。本書は平田寛によって『宗教と科学の闘争史』（社会思想社、一九六八）として翻訳、出版されているので、関心のある読者は参照されたい。ドレーパー自身は自著の中で、努めて中立的に両陣営の立場を提示することを執筆の方針としている。これが成功しているかどうかは読者の判断に任せるとして、彼は宗教的な家庭に育ったが、個人的には合理主義者であり、リベラルな新教徒であった。したがって、見方を変えればキリスト教内部の抗争の記述と言えないことはない。この意味では一種の神学論争と言えるとしても、要点は信仰の具体的な中身ではなく、一九世紀に顕著な発展を遂げた科学をいかに受け入れるかという極めて同時代的な、さらに現代にも関連する議論であった。

著者のドレーパー（一八一一〜八二）は、イギリス生まれのアメリカ人である。父親はウェスレー派（メソジスト教会）の牧師であった。ユニバーシティー・カレッジ・ロンドンに進学し、化学を専攻した。その後父の死後、一家はアメリカのヴァージニアに移住した（1831）。ここで姉の援助を受けて医学校を卒業した。のちにニューヨーク大学メディカルスクールの創設に貢献した。ドレーパーは、科学者、哲学者、医者、化学者、歴史家、写真家など、幅広い分野で知られている。最初に月の写真を撮ったことでも知られている。熊楠は上記の書物について次のように述べている、

前年、故ドレーパー氏、『学教史論』を著わして、その書二十一板ばかりにも及び、大はやりにて、欧州各国はもちろん、本国のアメリカごとき耶蘇ごりの所にも、これを読んで耶蘇を疑うもの出でたり。（…中略…）何となれば、右の一書は、なるほど耶蘇教のむちゃくちゃなる、実にふしだらなることばかりやらかしたるを貶したるゆえ、多少坊主を悪む欧人はこれを読んで袈裟にも及ぼしたるならん。しかるに、ただ人の悪口聞くのみでは、なんとやらん、「市のかりや の一閙《ひとさわ》ぎちりぢりになる夕暮れの空」で、悪口は面白かったが、さてその代りにそれを去りていずくに帰してよいやら分からず。

何となれば、右の一書はもっぱらアレキサンドル大王以来、エジプトに哲学の盛んなりしことより、回徒が科学哲学を保護隆興せしことをとけり。（この一事に小生も感心す。）それならこれを読んで耶蘇教をいやになって来たりし欧人どもがいずくに帰せんか。なるほど米国に近く『コーラン』の出版

おびただしきを見れば、回教主義のもの多く出で来しなるべし。されどその回々教というもの、たとえば朝顔のぱっとさいてすらりと萎むごとくに衰えて、今は堅いばかりで、以前自分が保護隆盛せしめた開化は欧州人にとられた。かつまた回々教も、実は一神を奉ずるもので、理外の理を主張するゆえ、科学哲学と合わぬことが多い。(…中略…)さればこの徒は中有《ちゆうう》の野にぶらついて、耶にも帰らず、回をも信じきらずに、異種異様の乱言をはき、妙なものができておる。故に小生は、ドレーパー氏なにゆえ回々のかわりに仏を引いて一篇の終始耶蘇に対せしめなんだかと笑うが、またおかしいことがある。

なるほど、仏は輪廻法以下因明《いんみよう》、心理実に細微じゃが、物体開化をすすめたことはない。これは仏徒中にその人なくして仏説にあることを応用研究利世することをせなんだゆえじゃ。されば、仏の説は科学哲学には鬼に鉄棒なるが、ただ引き言《ごと》に上げられ、またわけも分からざるオッカルチズムぐらいのことで、一向物体開化の実効なかりしゆえ、ドレーパーも麦飯に胡麻塩を加えておかしなものを作るを憚りしなるべし。回徒ごとき事理有碍《うげ》を主張するものさえ、(…中略…)多少のことはかまわず、科学哲学を発達せしめてこれを保護し、大へんな開花ができしなり。しかるに、仏教は科学哲学とは全く無礙《むげ》なるに、これを発達せしむることをその徒の務めざるは、実に妙なことじゃ。何とぞ今よりその徒も、科学哲学は仏意を賛するものとでも見て、隆盛せしめてほしきなり。

この長い引用をしたのは、熊楠のドレーパー紹介を極力誤りなく伝えるためである。一点だけ注意を促したいのは、熊楠がここで『学教史論』と述べているのは、明治一六年に出版された『学教史論（一名　耶蘇教ト実学トノ争闘）』（小栗栖香平訳）のことではないかと思われ、上記翻訳者平田寛は『学教史論』は明治二六年の表題であるとするが、元翻訳は明治一六年出版である。本書は現在フォトコピーで自由に閲覧できるが、熊楠が明治時代の翻訳を読んでいた可能性は高い。もちろん本書は当時アメリカでも大人気であったので、熊楠は現物をも手にしていたであろう。さらにもう一つの理由は、熊楠と法龍の往復書簡の最重要テーマについて触れているからである。すなわち、往復書簡では仏教をはじめとする様々な宗教について議論が及んでいるが、熊楠が一貫して主張しているのは、仏教の僧侶たちが近代西洋の科学的知識を学ばず、したがって受け入れようとしない現状に対する苦言である。ただ、その後繰り返し新しく開校される学院で教授することを法龍から依頼されるが、結局熊楠はこれに応じることはなかった。したがって、彼の本気の度合いは不明である。よく知られているように、彼の多様な文通相手に送った書簡を見れば、熊楠は読み手に応じて扱うテーマをはっきりと区別していることは一目瞭然である。以上を踏まえたうえで、法龍への報告と同時に、ドレーパーがことさらにイスラームを問題視した点について以下で検討を加えることにする。

その前に簡潔にドレーパーの著作の基本的構想を確認しておきたい。彼は現今のヨーロッパにおいて進行中の進歩的な科学と旧態依然たる宗教（かれの念頭にあるのはローマカトリックである）対立抗争を念頭において、人類の歴史を宗教と科学という互いに相いれない対立的視点から四つの闘争を考えている。第一は、サウジアラビアで発生したイスラームの出現、これによって唯一神教が旧ローマ帝国領の広範な領域に樹立された。第二の闘争は、これ以後「アラビアの全土」において科学が発展して、大学図書館などが建設された。この時イスラーム教徒は神の観念について、旧来の擬人観を捨て、インド的哲学的観念を導入した。しかし、この流れはローマカトリックによって否認され、最近(ドレーパーと同時代)の「ヴァティカン公会議」において呪詛されるようにすらなった。第三はルネサンス末期のことで、地球の宇宙における位置に関して聖書の記述に疑問がもたれるようになった。この時、ガリレオが中心になって科学の立場を支持したが、この時は教会側に屈服した。そして最後の第四の闘争は一七世紀初頭の宗教改革によってもたらされた。この時期までにローマカトリック教会の威信はかなり失墜していたが、その原因は教会が依然としてローマ時代に存在した異端的信仰を保持しているためであると考えられた。ルターの提示した問題の根幹は、真理の基準は教会(ローマカトリック)に見出されるのか、あるいは聖書の中に見出されるのかという対立であった。この流れはルターの「万人祭司」説の主張となり、理性の権利、知的自由の解決へと導かれることになった。ただし、あとでも触れるが、ドレーパーのイスラーム史の解説は不正確で、歴史的認識が曖昧である点に注意を要する。

さて、上で引用した熊楠の記述であるが、そこには根本的な誤解がある。ドレーパーが自著の中でイスラームを持ち出した理由は、イスラームが多神教ではなく一神教であること、さらにその形成にあたってローマ帝国の東方領土で異端宣言を受けたネストリウス派キリスト教（Nestorianism）の影響が強い点を示すことである。ネストリウス派の信奉者たちは合理的精神の持ち主で、古代アレキサンドリアで栄えた「近代科学精神」をイスラームに伝達した役割があったとする。ネストリウス派は、イエス・キリストの人性と神性を認め、全体として人性を強調する立場をとる。基本的に人間の立場から合理主義的神観を堅持するキリスト教の一派であった。したがって、「聖母マリア」を「神の母」と呼ぶことの不合理を容認しなかったため、東方教会では異端の扱いを受け、迫害された。当時この地域はサーサーン朝ペルシア（二二六〜六四二）の領地で、ここを拠点にサウジアラビア半島に至るまで、盛んに宣教活動を行ったと言われる。したがって、この期間に中東の東部地域で存在したキリスト教は、ネストリウス派または単性論派（Monophysite）が中心であった。

以上を背景にドレーパーが主張するのは、ネストリウス派が異端宣告を受けたそもそもの理由がイエスキリストの神性と人性を共に容認する立場（Double Truth Thesis 二重真理説）を堅持し、さらにむしろキリストの人性に重点を置くように見える教説を堅持するためであった。この考えはさらに発展して、イエスの母親マリアが「キリストの母」として「聖母」であるか否かの論争にかかわっていた。ドレーパーによると、イスラームの開祖ムハンマドの時代には、彼が商用で訪れたダマスカスやサウジアラビア半島に幾千ものキリスト教会と修道院（ネストリウス派や単性論派）が点在しており、ムハンマドはそこでキリスト教についての基礎教義、神の唯一性、三位一体、受肉、キリストの復活、聖母マリアなどについて学んだ、という。これがムハンマドの後継者たちにも受け継がれ、イスラームでは「合理的」で「人間を軸とする」思想が受け入れられるようになった、というのである。ドレーパーによれば、

修道士バーヒラによってボズラの修道院において、ムハンマドはネストリウス派信者の基本的信条を教えられた。彼らから若いアラブ人（ムハンマド）は、彼らの迫害の歴史を学んだ。彼の内部に東方教会の偶像崇拝の慣習、さらにあらゆる偶像崇拝に対する嫌悪の情を産みつけたのがこの出会いであった。この出会いによって、彼の驚嘆すべき生涯において決してイエスを神の子と呼ばず、常に「マリアの子イエス」と呼ぶことを教えられたのである。指導を受けたことはなかったが、活発な彼の精神は、自身の（ネストリウス派の）教師たちから宗教的のみならず、哲学的な考え方についても間違いなく深く印象を受けたのであった。この教師たちは、アリストテレスの知識の代弁者であるとの誇りを持っていた人々であった。彼の以後の生涯を見ると、彼らの宗教思想がどれほど完璧に彼を捉えていたかを示しているし、また彼が繰り返した行動を見れば、彼らに対する親愛の情を明瞭にみることができる。彼自身の生涯は彼らの神学的教義の拡張、拡大に捧げられたし、さらに（ムハンマドの事業が）確立されると、彼の後継者たちは熱心に彼らの科学的見解、すなわちアリストテレスの見解を受け入れ、拡張したのである。

彼の公的な奉仕は多くの抵抗に遭遇したし、最初ほとんど成功をおさめなかった。当時行われてい

た偶像崇拝を支持する者たちにメッカを追われ、彼は多くのユダヤ人、ネストリウス派の信者のいる都市、メディナに避難先を求めた。ネストリウス派の信者はすぐに彼の教えに改宗した。

ムハンマドにあっては、生まれ故郷で古くからあった偶像崇拝の信仰とはすでに袂を分かっていたので、彼のネストリウス派の教師が伝えていた理性と良心との整合性を持たない（古いメディナの）そのような考えを拒否する準備は出来上がっていたのである。

この説明は、ムハンマドが無学・文盲であったとするイスラーム正統派の基礎教義に反する点や、いくつかの事実関係においてそのまま受け入れることができないところがある。しかしながら、ここで重要なのは事実関係の緻密さの欠如やそれに基づくドレーパーの所説の真偽ではない。そうではなく、ドレーパーがひとまとまりの理論として実際にどのように記述して読者に訴えていたかである。学問的な記述はより確実な事実による裏付けを必須とする。これがなければそれは単なる空想物語である。ドレーパーの解説にある「異端的」キリスト教の存在は疑いない。ただし、ムハンマドの言行との直接的関係は証明されていない。したがって、我々はその真偽のほどはともかく、熊楠がこの書物をどのように読んでいたかを確かめる必要がある。そして正しく法龍にその内容を伝えていたか、に注意を払う必要がある。

ドレーパーは以上の解説を踏まえて、さらにアッバース王朝（七五〇～一二五八）において、アル・

ラシード（Harun al-Rashid（七八六〜八〇九在位）、特に親シーア派で哲学を愛好したことで知られる七代目カリフ、マームーン（八一三〜八一七在位）の時代に華々しい思想、文化の開花がみられた原因、理由であると考えている。さらに、イスラーム世界は東西に二分されるが、東のアッバース王朝と西の後ウマイヤ王朝（スペイン・ウマイヤ朝、七五六〜一〇三一）、ムワッヒド王朝（一一三〇〜一二六九）などに分裂した。後者においてアヴェロエス（イブン・ルシュド、一一二六〜一一九八）に代表される古代ギリシアの哲学（アリストテレス哲学）の翻訳、注釈が行われた結果、のちにヨーロッパにも伝えられて、中世のカトリック神学の基盤形成に甚大な影響を与え、さらにその後の発展につながった点を指摘している。「科学的知」を受容したのは、イスラーム教徒のすべてではなく、合理的精神を持つ知識人、なかんずく哲学者であったことはいうまでもない。

ここで興味深いのは、アヴェロエスが彼の時代以前から東方イスラーム世界で流布していたとされる、すべての物は元となる本体から「流出」して、さらに最後には吸収合併するという考えを紹介している点である。この点に関して原文では、

科学的に人間の心理に到達する唯一の道は、比較心理学を通じてである。それは長く退屈な道ではあるが、真理へと導いてくれる。
それでは、宇宙を貫徹する巨大な物質があるように、宇宙を貫徹する巨大な霊的な存在はあるのだ

ろうか。つまり、偉大なドイツ人作家が述べる「石の中に眠り、動物の中で夢を見て、人の中では目覚めている」精神は存在するのだろうか。魂は体が他の物から生じるように、生じるのだろうか。魂はそれが生じた源へとそれぞれ同じように帰還するのだろうか。そうであるならば、私たちは人間存在を解釈できるし、我々の考えは科学的真理と依然として合致し、我々の安定の概念、すなわち宇宙の不変性と一致するかもしれない。

この精神的存在に対して、サラセンたち（イスラーム教徒たち）は、東洋の諸民族に従って、「能動知性 the Active Intellect」と名付けた。彼らは雨粒が海から来たり、そして、季節の後にもとに帰還するように、人間の魂がそこ（能動知性）から流出することを信じたのである。こうして彼らの間には、「流出と吸入 Emanation and absorption」という堂々たる教義が生まれたのである。能動知性とは神である。

一つの形において、我々がすでに見てきたように、この考えはインドで見事なやり方でシャカムニ（仏陀）によって発展させられ、仏教の広大で実際的な体系として体現された。別の形では、サラセンたちの間で、アヴェロエスによって（仏陀よりは）劣った形ではあったが、提示されたのである。

ここには科学的知識に対する強い信頼を見ることができる。しかも、東洋的知を西洋近代の知と連続的に捉える意識が感得できる。さらに続けて、一九世紀ヨーロッパで著名な宗教研究者ルナン（M. Renan）の所説を引用する。そこで強調されているのは、東洋世界ではあらゆるものは源から「流出

emanation」し、そして最終的にはその源に「吸収合一 absorption」するという考えが採用されている点である。この説明を熊楠が確実に読んだうえで評価を下していたとするならば、彼の読みは完全に誤っていたと言わざるを得ない。そうでないならば、熊楠は丁寧に読んでいなかったか、いずれかである。細かな説明はここではできないが（神秘思想の宗教的特徴について関心のある読者は拙著『イスラームの神秘主義――ハーフェズの智慧』（京都大学学術出版会、二〇一四年）を参照されたい）、上記引用から明らかなように、これはバラモン教の梵我一如の教説に関する説明のようなのだが、明らかにインド教、イスラーム（スーフィズム、タサッウォフ）をも含めた神秘主義の根本的事実の説明である。非常に興味深いのは、多少意味合いは異なるとしながらも、この説明の中ですべてのものが究極的に根源に戻る事実を、一九世紀に流布していた質量保存則、エネルギー保存則（indestructibility of matter and force）の科学的法則と同一視しているように見える点であり、これによって、上述のように、東洋の思想がアヴェロエスを通じて古代ギリシア哲学、科学思想（アリストテレス主義）とともに西洋世界に持ち込まれたと考えているところである。この点でドレーパー自身のアリストテレス主義者としての思想的立場を端的に示す一例として次の一節を紹介する。

人間の魂は生命ある炎の瞬きであって、全体として枢要な原理である。熱同様、それは一から多へと過ぎ去る。そして最終的にそれが生じてきた宇宙的原理に再吸収、あるいは再統合する。したがって、我々は「無化 annihilation」を予期してはならず、再統合を期待しなければならない。そして、ちょうど疲弊した男が眠りの無感覚を待望するように、哲学者は浮世にうんざりして、消滅の静寂を期待すべきである。しかしながら、これらの者の中で、我々は疑いながら思考すべきである。なぜなら、精神はその内的源から確かな知識を生み出すことができないからである。我々は現象だけを相手にしなければならない。とりわけ、人間は絶対的真理を確信することができず、物質に対する人間の探求の最終的結果が我々を完全な知識に到達させることができないので、心理が我々の保持するものであったとしても、それを確信することができない、ということを忘れてはならない。

それでは、我々に残されているものは何だろうか。それはこういうことではないだろうか。つまり、知識の獲得、徳と友情の開発、信仰と真実の順守、我々に降りかかるあらゆることに愚痴ることなく服従すること、理性に導かれた人生ではないだろうか。

歴史家としてのドレーパーの著作は、実証性の脆弱性により現在ではあまり高い評価を得ていない。すでに指摘したように、預言者ムハンマドの扱いにおいても実例の用い方には重大な誤りがあった。イスラームを一貫して合理的精神に根差す宗教と理解する立場はまことに奇異である。ただ繰り返すが、この欠点の多くは現代の研究者の学的水準に照らした指摘であって、著作の趣旨を知る点から言えば、致命的な欠陥とは言えない。ドレーパーの著作において、実例の誤用、恣意的な取捨選択、歪曲が少なくない。これらの点を認めたうえで、重要なことは、その誤った実例に基づいて下された判断を予断を交えることなく「ありのまま」に読むこととは別である。この点を認めたうえで著作の主張を理解し、それをほかの人に伝えることが重要である。これは読み手の問題である。筆者の見る限り、熊楠がドレーパーの著作の真意を「ありのまま」に理解して、それに基づいて論評しているようには見えない。ドレーパーの自著における主張は、アレキサンドリア時代のエジプトで繁栄した近代的科学精神は現象の観察と実験によって真理に至る「帰納的」「合理的」方法を採用し、イスラーム世界においてすら合理的思想の持主、なかんずく哲学者によって連綿と受け継がれてきたという点にある。そして、これを阻もうとする宗教勢力の働きに対する批判である。熊楠の「かつまた回々教も、実は一神を奉ずるもので、理外の理を主張するものゆえ、科学哲学と合わぬことが多い」とのコメントは、例えばクラークの *Ten Great Religions* などにもみられる紋切り型のキリスト教徒の立場から見たイスラーム理解に近似したもののように感じる。何よりドレーパーの主張は、アレキサンドリアの科学的・哲学的エートスがネストリア派キリスト教を介して預言者ムハンマドにその精神が伝授され、さらに彼の後継者にも受け継がれたということである。あろうことか、インド思想までが摂取された結果、アヴェロエスの「二重真理説」のような合理的に宗教と科学思想の併存を容認する形でヨーロッパ世界にまで伝播された、というのである。

ドレーパーのキリスト教（カトリック教会）批判は、このような合理的、かつ科学的思想がヨーロッパ世界では「異端審問」の形でカトリック教会によって弾圧されたことに対して向けられているのである。筆者の見るところ、ドレーパーは理神論（Deism）に近い立場の人物でのように思われるが、本節冒頭で触れたように、彼はイギリス生まれのメソジスト派信者であり、父親はウェスレー派の牧師であった。つまり、カトリック教会以外のキリスト教会を含めたすべてのキリスト教について「耶蘇教のむちゃくちゃなる、実にふしだらなることばかりやらかしたるを貶」すために記述しているのではなく、カトリック教会の科学的、自由思想に対する妨害をやや感情的かつ執拗に述べたのである。ここでは詳しく触れないが、当時のヨーロッパにおいて、キリスト教を含めて自由主義的な宗教解釈は決して珍しくなかった。本書でたびたび触れるヘーゲルの宗教哲学は明らかに旧来のキリスト教理解に即しているとは言えない。すでに指摘した通り、ティーレには相当に自由な宗教の扱いが見られる。また、次章で述べるマックス・ミュラーの宗教研究は、新しい時代に即応した自由主義的な宗教研究であったと言える。

3 まとめ

英国滞在期間初期における熊楠の比較宗教研究の内実を知るために、彼がほぼ確実に参照したと確認できる著作数点について具体的な検討を行った。その結果、大体以下のことが言えるだろう。

①一八九三年前後における熊楠の世界宗教に関する知識は脆弱である。事実関係を含め、世界の三大宗教についても、その知識は決して多くなく不正確である。その後においてもそれぞれの宗教について理解が深化した形跡はあまり見られない。仏教は例外のように見えるが、例えば彼の真言密教理解はどの程度「正統」なのか、仏教研究者による綿密な研究が待たれる。私見では、彼が西洋で学んだ神秘主義思想の反映が観察できるように思う。さらにバラモン教の影響など、これまで以上に厳密な調査を行う必要があると思う。キリスト教はその「神意説」がよほど嫌いであったと見えて、次章でも検討するがこの宗教についてはあまり関心を示さなかったようだ。ただし、ユニテリアンとクウェーカーの立場には共感を覚えていたようである。イスラームに関しては、その後理解を深めようとした形跡は見られず、全体としてはさほど深い関心も理解も示していない。

②熊楠の法龍宛書簡に見られる記述の内容は非常に不正確である。今回実例として取り上げた資料についても、原著者の執筆意図を必ずしも正しく把握することなく、大雑把な記憶、印象に基づいて記述している印象がある。

③思想は時代の社会、経済、政治的条件に規定されながら形成される。おそらく、熊楠は劇的な変

動を遂げる当時のヨーロッパが抱える深刻な問題について十分な理解ができておらず、書籍に盛られた抽象的な情報を収集する段階にあったのだろう。しかもその処理方法があまり厳密ではないので、①で指摘したような誤解が生じるのである。

④本章では二点の書物について検討しただけであるが、さらに多くの欧米書籍の調査・検討は、法龍との書簡のみならず、少なくとも熊楠の英文論考についても同様に行われるべきである。特に重要と考えられるのは、スペンサーとマックス・ミュラーで、次章で簡潔に触れることにする。

本章の記述をまとめると、二〇代中ごろ時点での熊楠の宗教研究は、まだ緒に就いたばかりの印象がある。事実関係、歴史的背景など、多くの誤認が確認できる。さらに、自らの計画に反して、彼の「比較宗教」的研究は完成にはほど遠く、ついに在英中のみならず、帰国後も手付かずのままであったように思う。次章では、熊楠の仏教およびキリスト教理解について考察したい。

第4章　ウィリアムズと『仏教講論』
――熊楠と仏教およびキリスト教

1　前提的考察

本章では、『南方熊楠、土宜法龍往復書簡』（八坂書店）に所収された在英期間最後の書簡として掲載された書簡番号三二（一八九四年三月半ば頃）を、まず紹介検討する。その後で、次節において書簡番号一〇の文書を詳細に検討することにする。その理由は、前者は本章の主題の前提として引き続く議論を明瞭にするため、さらに後者は熊楠としては珍しく、体系的ではないが、熊楠の仏教とキリスト教に関する考えを垣間見ることができるためである。熊楠が特定の宗教に関して長い説明をすることはあまりないが、この箇所では珍しく数ページにわたり仏教とキリスト教について述べている。ただ、この箇所について詳述する前に、熊楠と法龍の関係をよりよく理解するために、その関係を端的に表す興味深い箇所がいくつかあるので、それをまず紹介しておくと便利であると考えたのである。それらの文書で、法龍は大変な剣幕で熊楠を叱っている。もともと年齢差が一〇歳以上離れており、本来なら熊楠の側から敬意を払うのが筋であるが、熊楠は文通を開始したころは敬語を用いて法龍を敬っていたものの、やがて、法龍に対して失礼を通り越した不遜な対応を繰り返すようになっていく。少なくとも日本人であればありえない不躾な言葉を真言宗の有力な僧侶に対して浴びせかけていたのである。もちろん、これは熊楠独特の愛情表現なのであるが、熊楠の愛嬌ともとれるし、一方の法龍のたぐいまれな寛容の精神ともとれよう。確かに法龍自身、異国で知り合った奇妙だが知力たぐいまれな若者との出会いを新鮮に感じ、楽しんでいた様子がうかがわれる。しかし、やがて、一八九四年三月半ばごろの書簡においては、法龍の堪忍袋の緒が切れてしまった（書簡番号三二、一八九四年三月一五日以前の頃）。繰り返される罵詈雑言に

土宜法龍（1875-1962）

耐えてきた高僧であったが、あまりに執拗に熊楠が日本の仏教の現状を批判し、とりわけ真言宗の僧侶の腐敗、時代遅れの状況を手厳しく突かれたので、彼の怒りがここで大爆発を起こしたのである。

法龍によれば、冒頭の箇所で

貴書に接す。貴書に、「大乗はもっぱら北、小乗はもっぱら南に行わるるゆえ、両地の名なりと心得ればよきことなりと」。これを小生は疎論と言いしなり。ただ一口によきことと独断的に言う。貴下は実験帰納的を貴ぶ英国にありながら、ひどいことを言う。実に驚き入りたり。北方には最初より大乗、小乗あり、故に北方を大乗ということの疎論なるを言うは、実験学者の歓迎すべきことなるに、驚き入りたる貴下の議論なり。しかして貴下にしてそれにてよしと言わば、およそ貴下が学問を愛する度合いも知るに足る。悲しき夫《かな》。

大乗、小乗両仏教については、次節で述べるウィリアムズの書物に関連しているので、もう少しだけ法龍の言葉を引用する。法龍は大小乗仏教について自己の考えを同書（234頁）で述べている。

君また言う。「仁者が南方仏教の名をもって小乗というは不可なり」と。このこと前状にも言うごとく、大体は南北と大小ははなはだ違うことなり。南北は南北の地に付き、大小乗はともに天竺の同一地に生まれしものゆえなればなり。ただし南方仏教を小乗と言うことは予はあえて遮せず。それはたしか過日送りし辨を見たまえ。かれに、南方は小乗すなわち「ヒナヤナ」の薩婆多宗と言えり。すなわちこの薩婆多宗の三蔵は迦須弥羅国にて世友等が首となり結集《けつじゆう》せるパリー語の三蔵なり。故に小生南方仏教を小乗と言うはあえて遮せず。北方を大乗というは大間違いと言うたり。貴下よろしく予の書の後半幅を見給え。(もし君のごとく言わば、世の中のことは大抵でよし。学文もあまり専門に入らぬがよい。難儀して三千余の植物を揃え、一枝の葉に星一つ違うをまで争うに及ばぬ。

と、大乗、小乗の問題をアバウトに扱いながら、天体や植物の細かいことをあれこれ言いなさるな、と皮肉交じりに述べている。非常に手厳しい言葉である。興味深いのは、法龍が帰納法の本家であるイギリスで勉強しておきながら、それを無視した熊楠の論法を指摘している点である。後述するように、この時点ではともかく、一九〇〇年に帰国した後の時期においては、明らかに熊楠は一定の帰納法に対する理解を示している。ミルとベインの影響であろう(第5章で詳述)。筆者は、熊楠は体系化こそしなかったが、基本的には経験主義者であって、英国式帰納法を十分に身につけていたと考えている。さらに、同書(235頁)では、

因果談、輪廻説は、これは別に詳論あるなり。何《なん》とか箇《か》とか。ごちゃまぜの雑炊鍋にてはとても議論

は出来ず。故に貴下、いよいよ真に信ずるならば、インド古来の因果説、輪廻説の外に、貴下の信ずる因果、輪廻の説を示せ。それは実に仏教に対する大功徳なり。あにただ、君がいわゆる、予のごとき「ヒョットコ坊主」のみにあらざるなり。ただ憾むは、過般来の書に言うところは浅薄なる説、また功能書き同様のことにして、輪廻とか因果とかの確たる説にあらず。因果の理が天下を支配するなどと漠として言うことは、今日は代言人の小僧にても饒舌《じょうぜつ》するなり。論理の半分も学ぶ者はみな知るなり。今少し確かに議論をなせ。議論茫漠として採るところを知らず。

さらに続けて、同書（236頁）では、一方的に仏教を無価値なものと言葉の限り非難する熊楠に対して、

その事由を言わん。このたびの書面にても、仏教家の功労は少しも言わずに、ただただ仏教家の千余年間の不都合事は、疑いあるまでも、さらえ来たりて悪口讒謗す。かかる悪人が仏教国に出でしは真に落涙の外なし。かくまでも仏教の美を掩うて悪のみを駢《なら》べ（疑わしきものまで事実として）てよくも悪口をなすか。悪口をなさずんば済《す》まぬとは、さてさて悪念多き、すなわち脳中濁気多き人にはある。ここに至りて言うところを知らず。仏教の美事は決して二、三人の僧が陶器を作りしくらいのことにあらず。今日まで一般人間ことに下等社会に、恩恵、慈悲、報謝、親愛等のことを知らし、かつ廉恥を知らしめ来たりて、一国の人民をこの数中に入れおりしなり。今日また然り。下等社会は全く仏教の感化のみなり。…（中略）…しかるに仏教が日本になせし美事はこれを掩うて、仏教徒の内

情ことに不品行と定まりつつあることまで歴叙し来たりて、もって仏教を糞のごとく言う。これにて君は可《よ》しとせらるるか。しかして君が肝心の因果談も輪廻説も漠たる疎笨《そほん》説のみ。一向に予は君が仏教信者などと言うに失望せり。仏教信者はなるべく人の善を賛して悪は吹聴せざるものなり。君のごとく悪ばかりを吹聴するは、これを讒謗卑猥の小人と言う。

これまで熊楠の挑発的な言辞に対して、寛容にして一種の快楽を覚えながら接してきたように見える法龍の攻撃は凄まじい。熊楠の学的方法の弱点をものの見事に指摘しているように見える。加えて、これまで見せたことのない感情的な筆致で苦言を述べていることがわかる。

「かく教えてやっても一向わからぬ。わかるまい」なんど貴下言う。貴下何を教えしや。小生何にも教えられたることなし。仏教の知れやすき譬喩などを無理に持ち来たりて、ひちくどく議論することは聞くが、教理を談ずる点を一向に言わず。…（中略）…これというも、海内にて仏学者と論及せずして、ただちに外人崇拝と成る。これこの罪過なり。しかして仏教徒と言う。これ何のことぞ。（同書237頁）

まことに厳しい言葉であるが、見事に熊楠の欠点を言い当てているのではあるまいか。熊楠の西洋の学問に対する態度は必ずしも単純ではないが、ほぼ間違いなく彼は心の底からヨーロッパ、なかんずくイギリスの学問を溺愛していたのではないか。しかしながら、熊楠はこの点を自ら表明することはない。在英期間中はともかく、帰国後も彼が英国を中心として学んだ知識の基盤は、その方法的側面を含めてさほど変化していないと思われる。問題は、熊楠は当時のイギリスを中心とする西洋の学問を必ずしも十分に咀嚼できていなかった点である。その最大の欠点が現れたのは、データ収集は熱心に行うが、それらを一切体系的に一貫した議論として提示しなかった、あるいは、その能力がなかった点に見出せるのではないか。この点で、熊楠は、西洋風の体系的叙述を自家薬籠中のものとすることはついになかったように思う。もちろん、西洋風の体系的記述が最高にして最後の目標ではないので、それを批判することによって新たに独自なシステムを構築することは全く別の問題である。ただ、熊楠にこのいずれもができていたとは、筆者の現段階の調査では思えないのである。

いずれにしても、法龍はこの書簡の最後でとどめの一撃ともいうべき重要な批判を熊楠に対して行っている。

……何を苦しんでかくまで大乗を破《は》して（無理非道に）愉快とするか。しかしてその破は当たらず、畢竟貴下の言こそ小児のなす威嚇のみ。これは小児は恐れず、猫くらいはフザケに来たらんのみ。今少しく確かに仏書を読め。仏書とて貴下や、および外人の勝手説に容易に破せらるるものにあらず。

> ただし貴下連中にて、破したり、破したりして、悦びおるは、神ならぬ身の予には知れず。御勝手次第なり。
>
> 貴下また言う。仏教は因果を談ず、輪廻を談ず。故に予は帰依す、と。その輪廻なり、因果は、如《い》何《か》に談ずるか。何ぞ貴下はこれを談ずる。別経にても御所持なるか。何ぞ計らん、貴下が駁する経文の精髄はみな因果を慎しみ輪廻を避くるを説くのみ。もし貴下、別にこれが仏教の因果説の経、輪廻説の経と見込みし廉《かど》あらば、必ず言い来たれ。予は徐《おもむろ》にそれに対する意見を呈せん。もしそれこのことの作《な》すに能わずんば、貴下の言は代言商人的なり。あるいは敵、または味方、出没定めなく、ここにおいては実に倶《とも》に道は語るに足らず。よって道已外の雑談に止めんのみ。（同書237-238頁）

ここでは、普通に読めば、熊楠の仏教教義に関する議論は全くその体裁を整えておらず、まともに相手にできるようなものではない、もし真に仏教に関して議論をしたいのならば、もっと仏典を勉強したうえでするべきだ、というように法龍は熊楠をまるで子ども扱いしている。察するに、このころの熊楠の仏教に関する知識はその程度であったのだろう。

2　M・M・ウィリアムズの『仏教講論』——熊楠による翻訳とコメント

前節では多くの長い引用を用い、やや面倒な考察・解説を行った。その理由は熊楠の知的探求の旅において法龍は少なからぬ役割を果たしており、この意味でこの仏僧の人柄を知ることが必要であること。さらに、この箇所が当時の熊楠の学力、少なくとも仏教に関する知識の水準を考察するうえで極めて重要であると考えるためである。特に熊楠が読んだ外国人研究者の見解との関連で見ておく必要がある。法龍のように出家人として一生を仏の道に捧げ、しかも当時の真言宗で将来を嘱望された人物から見れば、熊楠の議論がどの程度であったか推察できるし、彼の宗教理解、西洋文化の理解の程度がよく知れるように思う。法龍の指摘はかなり的確であったように思えるのである。

こうして、この書簡を読めば、おそらく幼少期から仏教界に身を投じて仏の道をたどってきた宗教者の立場からして、熊楠の多くの論点の誤り、矛盾点が明瞭に指摘されており、当時の熊楠の仏教に関する知識がどれほど浅薄なものであったのか、その一端が知れるのである。熊楠は法龍との書簡の交換を通じて仏教に関する知見を深めたことは想像に難くない。実際、帰国後に本人によれば、『一切経』（大蔵経）を読破したことになっているように、多くの時間が仏典の調査に費やされたようである。ただ、筆者には上記書簡が交わされた時期以後、在英期間を通して、さらに帰国後においても熊楠の「仏教信者」としての知見が深まったとは思えないのであるが、もともと「良き」信者の定義などないし、筆者にはどのような人が「良き」信者であるのか述べる資格もないので、以上は筆者の単なる印象にすぎない。それはともかく、本章で問題にしたいのは、熊楠が在英期間の初期の段階で、仏教をどのように理解していたか、という点である。繰り返すが、法龍がロンドンを去りフランスに向かってからまもなく二人の文通は途絶えるのだが、一八九四年ごろから一九〇〇年ごろまでに熊楠がどれほど仏教の理解に研鑽したのか、不明である。

上で述べた法龍との関係を踏まえたうえで、この問題を明らかにするのに格好の書物がウィリアムズ（M. M. Williams）の *Buddhism in its Connexion with Brahmanism and Hinduism and in its Contrast with Christianity*（以下、『仏教講論』）である。さらに、ウィリアムズとはただならぬ関係にあった当代きってのインド学者ミュラー（Max Müller）の著作である。熊楠研究者のみならず、熊楠に関心のある人で『往復書簡』を読んだことのある人は、熊楠がウィリアムズを高く評価する一方で、ミュラーに対してはかなり厳しい記述がみられることに気づくだろう。もともとこの二人のイギリスの学者（ミュラーはドイツ人であるがのちにイギリス人に帰化している）は仏教の専門家というよりは、古代インド仏教、バラモン教の研究者である。もちろん両者はインド研究者として不可避的に仏教にも深い造詣を示しており、ともに仏教学者としても紹介されることが多い。熊楠が両者の書物や講演録などに関心を示したのは当然の成り行きであったと言える。したがって、熊楠の両者に対する態度から、熊楠のインド理解、さらに仏教理解をとらえる糸口がありそうである。そこで、筆者はここで熊楠の書簡を丁寧に読みながら、熊楠の両インド学者に対する態度の相違、見解などを比較検討しながら、彼の仏教理解について述べてみたい。ただし、本章の主目的は熊楠の仏教とキリスト教の理解を具体的に検討することであるため、ウィリアムズの『仏教講論』の熊楠による分析を主眼とする。その結果、熊楠の学的態度を理解する一助としたいと思う。ミュラーについては、熊楠より一六年前にイギリスに渡り、ミュラーから長年にわたり直接個人的に薫陶を受けた南条文雄と関連させながら簡潔に触れる予定である。

法龍あての書簡では、最初から熊楠はウィリアムズの『仏教講論』をきわめて高く評価している。その理由として、「モニエル・ウィルヤムス氏の『仏教講論』は実に近来欧州での大著述と存じ候」と述べ、持ち上げている。つまり、この書物は、これまでの仏教解説書とは異なり、大乗仏教と小乗仏教を対比しながら記述している点で、優れるというのである。

熊楠は上記のようにウィリアムズの書物を持ち上げた直後、また翻訳と同時進行の形で思いつくままに自分の印象を書いている。様々なコメントを加えているので、かえって熊楠の脚色されない生のままの考えが出ていて貴重な資料になっている。この頃集中的に読んでいたのだろうか、熊楠は本書を読むようにしきりに法龍に勧めている。本章では、『南方熊楠　土宜法龍往復書簡』(飯倉照平、長谷川興蔵編、八坂書房、一九九〇年)第一〇書簡(98-108頁)において、熊楠は『仏教講論』の最終章を「翻訳」して、感じるままにそれぞれの部分を検討しているので、これを詳細に検討する。この書簡は、一八九三年一二月末ごろに書かれたと推測されている)。

この『仏教講義《ママ》』は、他の小乗と大乗を別にして説いたものにあらずして、大乗小乗を合概して一冊に編みたるものなれば、作者のこれによりて名を得たるは知るべし。しかして、この書の末段一章こそ、実に太士公の貨殖、遊侠伝ともいうべき骨髄にして、すなわち全冊はこの一段の参考までに述べたるなり。しかして、この一段は仏と耶とを比較して、その優劣を示せるものなり。(第一〇書簡98頁)

最終章に至るまでのウィリアムズの労力を公平に判断して、はたして熊楠の言う通りなのかどうか、筆者は懐疑的であるが、この最終章が当時のヨーロッパのキリスト教読者が読むことを強く望んでいた内容を含むことは間違いないであろう。以下で、この章に焦点を当てながら、ウィリアムズの解説を詳述する前に、『仏教講論』の著者の基本的立場を明らかにしておく必要がある。

モニエー・モニエー・ウィリアムズ(Monier Monier Williams)はインドのボンベイで測量総督(surveyor-general)であったモニエー・ウィリアムズ(Monier Williams)大佐の息子で、一八一九年に生まれた。一八二二年に教育を受けるため英国へ送られ、やがてKing's College, East India Company College さらにオックスフォード大学などで学んだ。学位習得後は、一八四四～五八年まで、East India Company College でアジアの言語を教えた。一八五八年に同カレッジは前年に発生したセポイの反乱の影響で閉鎖された。一八六〇年はウィリアムズにとって運命を決定する年であった。彼はオックスフォード大学のサンスクリット語の Boden Chair の職をめぐって上記ミュラーと争い教授職を手にした。ミュラーについては本節の後半で少し触れる。ところで、教授職の空きはウイルソン（Horace Hayman Wilson）の逝去によって生じた。この人物は一八三一年の就任以来サンスクリット語文献の収集に精力を注ぎ、自らの後継者としてウィリアムズを考えていたという。

この時の職をめぐる争いは後代に悪評を残すほど熾烈なものであったと言われている。ミュラーは後述するように、自由主義的な傾向を持っており、基本的な思想傾向の基盤として古代インド宗教のヴェーダ文学があった。一方のウィリアムズは学者としてはミュラーに見劣りすると考えられていたが、インド現地語の実際的な運用能力や長年にわたるインド滞在経験によってインド事情に広範な知識を持っていた。この点は以下で検討する『仏教講論』の中で繰り返し自らの現地体験を記述している点で明らかである。他方、ミュラーは一度もインドを訪れたことがなかった。さらに、ドイツ人のミュラーの観念的、理想主義的な言説は、実際的なイギリス人には理解しがたかった、という評価もある。いずれにしても、当時、オックスフォード大学の教授職は最終的に聖職者の投票によって決定される慣習であった。そのため両者ともにインドにおけるキリスト教の布教に貢献した点を強調したが、ウィリアムズの布教への貢献は疑いないものとみなされ、上記の通り軍配はウィリアムズに上がったのである。ウィリアムズは、就任後自らの任務としてインドをキリスト教国にすることを目的の一つとみなしていた。彼は将来ヒンズー教がなくなり、キリスト教の布教がイスラームの拡大を阻止するであろう、と予言したという。ウィリアムズが残した多くの著作には、サンスクリット語からの翻訳やインドに関する解説書がある。『仏教講論』はその中の一冊である。

『仏教講論』の原題は上記の通りであるが、同書は一八八九年に出版された。熊楠は本書において最終章（第一八章）が最も重要であり、それに至るすべての章はこの章の内容を述べるために書かれたと述べているが、上述の通り、筆者は必ずしも精確な評価とは言えないと考えている。確かに、『仏教講論』は岸本英夫の宗教学の分類に従えば、最終章のみを見れば宗教研究にとって最も回避すべき神学的研究ということになるのかもしれないが、必ずしもキリスト教の護教論的記述で満ちあふれているわけではない。筆者は最初から調査対象の正しさが判明しているような神学的宗教研究の無意味さと害悪を宗教研究の基本的障壁と認めるが、ウィリアムズは書物の大半を、岸本の言う歴史的側面、仏教文化（建築、儀礼を含む）、教義的側面について丁寧に解説している。ウィリアムズの記述はインド宗教（主に仏教）の解説をできる限り客観的に行っている印象があると思う。なお、本書簡に関しては、サライ・ペーテル（柳瀬）氏が「Sir M. Monier-Williams のキリスト教護教論と南方熊楠の宗教観——土宜法龍との往復書簡を中心に」（同志社大学『一神教世界』二〇一四年、69-88頁）において分析批判しているので、参照した。

熊楠は一八九三年末ごろに出したと思しき書簡で、かねてより法龍に勧めており、贈呈することを繰り返し述べていた『仏教講論』を、そのころパリにいた法龍に送ったので、受領すれば返事をするように書いている。この書簡では、上記の通りこれまでの仏教解説書とは異なる点を述べた後、親切にも最終章のみ翻訳して送る決意をする。その際「小生の例の議論は入れずに」と断りを入れているにもかかわらず、結局その「翻訳」は熊楠のコメントにあふれるものとなっている。熊楠らしいと言えばその通りだが、熊楠の欧米書物の読み方を知るうえで、さらに具体的に熊楠の宗教の見方が、部分的ではあれよくわかる興味深い記述となっている。ただし、熊楠は最後まで「翻訳」することなく、途中でやめている。これも熊楠らしい。以下で引用する翻訳箇所は、すべて熊楠によるものである。

最初のポイントは、ウィリアムズが「耶蘇教は最初より宗教にして、仏教はとにかくその初世よりまた最も純真の形にてはすこしも宗教にあらず、単に多苦説を基として立てたる道義および理論の組織なりし、というを知るべし」として、続いて宗教の定義を、次のように述べている。

> 宗教の定義ははなはだ難《かた》く、字義もまたこれを解くに定まれることなきを。（あるいはよく祈祷尊拝するをいい、あるいは神に帰依する義といえり。）さりながら、吾人は宗教という字義の当たれるは、何宗旨においても、一生活、真正にして無限威力、無限智、無限愛なる神にして、可見、不可見の万物を創造し、匠料し、保存するものを土台とするものなりというべし。（99頁）

ウィリアムズの宗教の定義をここまで読んで、早くも我慢できなくなった熊楠は、講釈を始める。「(在ロンドンの無垢称(熊楠自身のこと——筆者))は不問不説ですますつもりなりしが、あまりにも三十二菩薩のするところもどかしきゆえ、また議論じゃ」と難癖をつけ始める。この箇所は熊楠の宗教観が表明されている点で極めて興味深い箇所である。熊楠の宗教観は研究者の関心の一つであるが、彼が書き残した記録を調査してみると、熊楠が通常の意味における「宗教的」「敬虔な」という言葉で表現できない「信者」であることは明らかである。第1章で父親の臨終前のエピソードに関して。熊楠がほかの宗教の不合理性を揶揄しながらコメントしているように、彼は一般の人々の迷信的な宗教を(真言宗についても)受け入れることはなかったようだ。真言宗の僧侶は彼の格好の批判、攻撃の対象となった。熊楠にとって宗教は彼の人間学、特に古代社会の理解において不可欠の重要な要素であるが、ここでウィリアムズが表明している、例えば教会や神社仏閣を定期的に訪れるというような「通常の」信仰に基づく宗教活動を熊楠は行うことがないため、信仰者の立場に対して彼がどのように対応するか非常に興味深い。結論から言うと、熊楠はウィリアムズの議論を同じ土俵の上で論じあっているという印象はなく、最初から「冷静かつ論理的に」議論していないことがわかる。

我輩仏教が外教徒の目に宗教に見えぬとてちょっともかまいなし。たとえば植物学者の一派が自分の口弁にまかせて、植物は炭酸を吸いて酸素を吐くものじゃというて、菌芝(キノコ)は炭酸を吐いて酸素を吸うゆえ植物じゃないというごとし。たれか松蕈《まつたけ》、シメジ、椎茸、キクラゲを動物なりといわんや。〈誰か黄葉は黄金なりといわんや〉。仏教は西洋人に宗教と見えずとも、仏教徒には西洋人がその宗教とするところのものを見るごとく見られ、奉ずるごとく奉ぜられおるなり。されば、欧人の定義にはあらずして、仏徒の定義には宗教なり。（99頁）

何かについて議論するとき、そのものの定義が明確でなければ議論がかみ合わない。異なる意見に対応する場合、最初から喧嘩をするつもりでもない限りとりあえず議論の基盤として自らの立ちどころを明確にすることが必要不可欠である。つまり、仏教が宗教であるなら、また世界にはそれほど多くの宗教が存在するのであれば、自らの考える宗教を定義することが先決である。植物学者の理屈は熊楠の強みであるので、本人が植物とは何かを熟知しているように、ここでは相手を攻撃する前に自らの宗教の定義を提示しないと、読み手の法龍にはわからないし、後代この文章を読む私たちにもわからない。そもそも宗教は多かれ少なかれ不可視的存在に対する信心がかかわっているので、定義は極めて困難である。熊楠のウィリアムズ批判は、もともと批判の相手が目前にいない欠席裁判のようなもので、一方的な議論である。したがって、相手と対峙しながら真理へと導く「産婆法」すなわち弁証法的「真実」の統合は期待出来ないとしても、自らの立ちどころも明確にしないのでは、もはや議論ともいえない。ましてや説明ではありえない。いずれにしても、ウィリアムズは自らの「宗教」の定義から始める。

ウィリアムズが、

宗教の定義には、すべからく人魂人霊の不滅、未来の真存、不見世界の真存を土台とすべし。その上に、人は生まれながらにして箇体神に依る、すなわち神を尊び愛するの感覚…（中略）…みずから神に比してはなはだ弱気を深く省み、罪業の人に存し、人を苦しめ人を罰するを知りて、これを脱せんとするより、右の感覚ますます大になるものあるを認めざるべからず。（99 - 100頁）

と、宗教の定義を述べるが、これに対して熊楠は、「これはコメを炊《かし》いだものでなければ飯にあらずという定義じゃ」、また、日本人はパンを常食しないので、日本人は食事をしていない、などと言えるのかと述べ、「いかにもユダヤ、回々、耶蘇、またインド諸教、拝火徒も、右の定義のごとき神を土台とし、これを土台とせぬは、今日は仏教と裸身外道ばかりなり。されば、多数でかかることを推し通すべきか……」と述べた後、「生まれながら神の念あるというは、今日の科学者また哲学者のうち、時世に阿附《あふ》せぬものはみなこれを非とす。すなわち神念もまた経験より出づるものなり」と評している。

最後の引用は熊楠の「知」に関する基本的立場を表すものとして注目に値する。同時代の科学者

若い頃のハーバート・スペンサー
(1820-1903)

（熊楠もその一翼を担う）や哲学者は、生得の神観念は認めず、そのような観念は今の時代に合わぬから、ありえないとする。そして、神の観念も経験からくるというのである。この時代の科学・哲学思想の基盤の一つは経験論、帰納法的方法であった。イギリスにおいてこの考えは広範に流布していた。この問題は第5章で詳述する予定であるが、熊楠は帰納的思惟の方法、さらにそれと演繹的推論の関係を知っていた。ミルやベインからの影響であったが、この理論、論理に関する知識は、当時欧米社会を一世風靡していた「社会進化論」の提唱者、スペンサーが用いた最強の理論的武器であった。この議論は熊楠がアメリカにいたころから耽読したと思われるスペンサーの書物を想起させる。この点で特記すべきは、スペンサーが『第一原理（*The First Principles*）』の第一部「不可知なもの（the Unknowable）」の中にある「宗教と科学」に関する節で両者の関係を理論的に説明している事実である。スペンサーは宗教の存在について断定もしないし、否定もしない。極めて慎重な立場を貫いている。つまり、宗教はあらゆる時代民族の間に存在していたし今も存在することは疑うことのできない事実であるので、これを完全に否定することができず、敬意を払う必要があるとする。現実に様々な宗教的現象を観察できるのだから時代の風潮が宗教に懐疑的な方向に傾いているとしても、宗教が「ある」とも「ない」とも言い切らないのである。一方、宗教と科学は近年熾烈に対立してきたが、宗教的真理と科学的真理という二つの真理が存在することはあり得ないので、両者の間には、必ずや調和のとれる部分があるはずだ、とスペンサーはいうのである（前章ドレーパーの説を参照）。

筆者の印象では、少なくとも経験的に宗教の存在と役割を否定できないものの、試行錯誤を繰り返しながら科学的真理がさらに進展する状況を、スペンサーは考えているように思う。この大前提に立脚して、スペンサーは「第二部」「可知なもの」において、彼の時代に合理的に、科学的に知られたあらゆるものを可能な限り列挙して持論「進化の思想」を説明するのである。この宗教と科学の関係の議論は同時代の日本人知識人の間で流行していたが、第6章において仏教との関係において言及する予定である。

筆者はこのスペンサーの現象を研究する方法が熊楠に与えた影響は絶大であると考える。おそらく、彼は帰国後以降においても基本的にスペンサー主義者であったのではないかと感じている。この問題を筆者は本書においてこれ以上論及することができないので、熊楠の宗教に対する態度の話に戻ることにする。

熊楠の宗教に対する立場は微妙である。彼は一応「仏教徒」であると公言するが、頻繁に念仏を唱えたり、毎週定められた日の定められた時間に「仏前勤行次第」のお勤めをするタイプの「信者」でないことは明らかである。「すなわち神念もまた経験より出づるものなり」とは、現象としての宗教はすべて相対的である、と考える人であったことを示している。したがって、既成宗教組織としての仏教教団（ここでは真言宗）に対して格別の忠誠心がないので、厳しい仏僧批判を仮借なくできるのであろう。

少し話が横道に入ったので、ウィリアムズに戻そう。彼はさらに宗教の特徴を四点列挙する。

（一）宗教は創化主の天性と、創化主がその創始して作れる人に賦与せるものを見証すべし。

（二）人自己見証すべし。すなわち、自己の天性と歴史を知って、人間とはどのようなものかを知る必要がある。また、なぜ作られたのか、また自分はどこへ行くのか、についても知る必要がある。

（三）宗教は無際限の神と有際限の人間との関係を知り、神に近づき、おのれの罪を知り、どのように救われるかを求める。

（四）この宗教という組織は、人間の天性を改補して、考思、欲望、情欲、感情を支配して、悪心を抑え、人間がその天性を変えて、神と類似のものとする。（100頁）

このように宗教の定義を行ったうえで、ウィリアムズは、「かくのごときものを宗教なりとせば、当初の仏教は真の宗教にあらず。この四者を満たすこと能わざりしなり」と断定している。その理由として、唯一の神の存在を認めず、真の僧侶はいないし、祈祷もない。罪を認めず、許しを認めない。自力のみに頼って、神の助力で自らの罪を脱出することもしない、と述べている。

この記述において注意しなければならないのは、ウィリアムズは自身の書物の中で細部にわたり仏教の特徴を説明するが、彼の立場はあくまで「当初の仏教」つまり原始仏教の話であって、後代のいわゆる「大乗仏教」の話ではないことである。ウィリアムズは基本的に最初期のパーリ語で残された仏典に開祖の考えが正しく残されているため、それ以後の改変を厳格に区別して取り扱う立場を堅持している。確かに最初期の仏典においても大乗的記述がまったくないわけではないが、ほぼ上記の内容であると考えている。「大乗非仏説」論と言われる立場である。

上記四項目について、熊楠は次のようにコメントしている。

維摩（熊楠自身のこと——筆者）言う。（一）より（四）までのことは仏教にも十分あり。ただ神を奉ずると奉ぜぬとの異ばかりなり。また自力云々といえど、この自力にて釈尊の教えにしたがい、信をおけば、別に救世主など出ずとも、自力が救世主の他力より千倍の力となるなれば何のことなし。仏性《ぶっしょう》という語などあれば、人々人より高き性を具すとすら信ずるなり。人いつまでも人の性を具せず、人より高き性をとりうると信ずるなり。不天然の神変など奉ぜぬは至極結構なことなり。（101頁）

確かに熊楠の言う通り、仏教においてもこれらの点が観察できることは事実であって、一例をあげれば、「真言宗仏前勤行次第」などを検討してみれば、真言宗の基礎的な教義にウィリアムズの定義に合致する内容を読み取ることができる。如来、特に大日如来を仮に「神」と置き換えれば、両者の信仰にどれほどの相違があるのかわかりにくいように感じる。このように後代発展した仏教（大乗仏教）の教理にはキリスト教と類似した内容が観察できる。この点についてのウィリアムズの見解については後述する。この箇所で興味深いのは、熊楠が宗教を理解するうえでカギとなる「信仰」の問題に触れている点である。信仰とは「祈り」と相即不離の関係にあるが、この問題は仏教でも大問題となる「自力」「他力」による救済の議論と深くかかわっている。この問題は、仏教においてもキリスト教においても、宗教の根幹的問題と受けとめられた。使徒パウロの言うように、「義人は信仰によって」のみ救済されるのか（『ロマ書』第十章九節、『ガラテア人への手紙』第二章一六節）、あるいは『ヤコブ書』（第二章二四～二六節）で言うように、人の信仰は行動を伴って初めて全うされるのか、キリスト教においても様々な議論が戦わされてきた。キリスト教存立の根拠をユダヤ教の戒律主義（パリサイ主義）に対する反発ととらえるのであれば、罪人である人間の行動によらない「信仰義認説」は決定的な意味を成すのだろう。キリスト教の歴史において、カトリック教会とプロテスタント系教会に大きな立場の相違があるが、後者においては歴史の過程でさらに多くの分派が生まれるようになった。この点については、第3章でドレーパーのカトリック批判の箇所で述べた。仏教も同様であった。

繰り返すが、ここで問題となるのはウィリアムズが仏教を説明する際に、後代の「大乗仏教」ではなく、最初期の文献に記された仏教を扱っている点である。仏教がその後たどった分派に至る過程と教義的発展の内容に主眼を置いていない。これに対して、熊楠のコメントでは様々な時代的相違が無視されたり、混同されたりしているように思う。

仏教について一例をあげれば、「真言宗仏前勤行次第」を参照しても、真言宗の教説にあまりにも多くの「キリスト教的」信仰告白によく似たところがみられる。信者の懺悔（さんげ）、「十善戒」の倫理的規定をはじめ、「如来大悲の本誓」「如来の真実義」など、仏、如来と信者の関係性、仏性などである。また、日本の仏教において、自力他力の問題が注目された点など、キリスト教が抱えてきた問題群との共通性が観察できるように思う。それぞれの宗教の教義が形成された時代的条件を無視すれば、おそらく多くの宗教には共通の特徴があると言える。これに対して、ウィリアムズは、原始仏教においては超越的な神の存在を認めない（必要としない）様々な修練を通じて人間の持つ欲望を封じ込むことによって、自身の救済を説く仏教の特徴を力説するのである。ウィリアムズの立場はあくまでも現存する仏典に立脚して、最初期とみなされる仏教の特徴を説明することであった。

次にウィリアムズは、『仏教講論』の最重要とする主張の一つである仏教そのものの定義について述べる。ここで陳述される主張は極めて重要で、この点を十分に咀嚼したうえでウィリアムズの仏教批判、評価を行うことが肝要である。

さて、予の反対者は、予に汝は自分前章に言えるごとく、仏者も後には当初の初信に反するまでも生長に伴いて改良したれば、ここにいえる誦経者のごときは、当初の仏教に属するものなるのみ、と問わんか。然り、仏法僧を敬するの語は必要に従いて出で来たれり。しかしてついには諸仏および諸菩薩を神として祈るに至れり。予は仏教を判断するには、これを全体に丸めてすべしと存ず。その後世に至り発達して無神、不知神の説が漸次有神多神の説となりしを十分考察すべし。吾人はすべからく仏教は諸国に弘まるにおよび、実に有神の組織のものとなり、不正ながらも多少は耶蘇教と同一の点あるに及べりというを知るべし。（熊楠言う――この文にて、はやこの作者の論の公正ならざるを知るべし。何となれば、これ黒を取り白を駁するものなればなり。）（101-102頁）

実はウィリアムズが仏教の本質並びに歴史の話を持ち出した最大の理由は、一九世紀末のイギリスなどでは仏教ブームがあり、少なからぬ影響力を持っていたことであった。仏教ブームあるいは一種のオリエントブームにはいくつかの潮流があったが、その中でアーノルド（Sir Edwin Arnold、一八三二～一九〇四）の *The Light Of Asia*（『アジアの光』）は一世を風靡する大きな影響力を持っていた。

『アジアの光』の著者アーノルドは、一八三二年生まれのイギリス人で、新聞記者、随筆家、仏教学者として知られている。King's College での修学を経て、オックスフォード大学へ進学した。在学中の一八五二年、詩のコンテストで優勝し、Newdigate Prize を得ている。卒業後は東インド会社の斡旋でプネーのサンスクリット大学の学長に任命された。インド滞在中に古代インドの精神に触れ、仏教やインド教の研究を行った。一八六一年、イギリスに戻ってからデイリー・テレグラフ社に入社して新聞記者となり編集長として、四〇年間奉職した。一八八九年に日本を訪れており、一年四か月ほどの滞在中、福沢諭吉の物心両面にわたる援助を受け、慶応大学で化学、英語翻訳の授業を担当した。滞在中に黒川玉と結婚した。夫妻はその後イギリスにわたるが、熊楠の「履歴」で、彼が高橋謹一という人物をアーノルドに紹介して面倒を見てもらったことに触れている。しかしながら、玉は素行の悪い高橋を嫌って家から追い出した、という話がある。アーノルドの著作は多く翻訳されており、全集が出版されている。

このように日本とも、さらに熊楠ともかかわりのあったアーノルドであったが、彼の『アジアの光』は当時幅広く読まれ、ブラヴァツキー（Helena Petrovna Blavatsky、一八三一〜一八九一）の「神智学協会」など、既存のキリスト教教会批判やオリエンタル趣味の流行と相まって、非常な影響力を持ったとされる。ブラヴァツキーは後述するミュラーの影響を受けていたとされる。

ウィリアムズの著作はアーノルドの『アジアの光』の出版からちょうど一〇年後であり、この書物は版を繰り返したばかりか、世界中の多くの言語に翻訳されるほど人気があったため、イギリスにおけるキリスト教徒にとっても無視できない存在であったと推測できる。従って単なる非難ではなく、確固たる学術的基盤に基づく評価が求められていたのである。『仏教講論』はこの時代的風潮を背景に理解されなければならない。

ウィリアムズは、同書（102頁）から具体的に『アジアの光』の批判を開始する。

また『聖書』の中の話は、キリスト前五世紀に仏教が世に初めて導き入れたるを基とすること多しと確信する人さえありたり（ドイツ人セイデル）。これのみならず仏教を賛する輩は、仏は道徳の真義のみか諸種の高尚なる真義を教えたりとて、キリスト教の仏にまさりて世界の宗教となるべきを暗知しながらこれを隠して、仏教をアジアの光と称して、もって正を得たりとするもあるなり。（熊楠言う――エドウィンをいう。しかし、名はささずにあり――熊楠のコメントである、筆者）（102頁）

熊楠はこれに対して、『聖書』の中の物語がすでに仏教に先んじられているのは気の毒であるし、学問上の発見すら、たとえば大洪水の話もバビロンの話からとったもので、「キリスト教にはあまり珍しからぬ剽窃なるべし」と述べて、畳みかけている。

ウィリアムズが仏教が「アジアの光」であるならば、孔子教、ゾロアストル教、回々教をアジアの教と呼んでよいことになる、と書いているのに対して、熊楠は、その通りなら、無神論はヨーロッパの光、モルモン教はアメリカの光といってよいことになる。「光とは場面をいうにあらずして、輝の純にして明なるをいうなり」とコメントしている。

さらにウィリアムズは続けて、自らの考える仏教の「主意」について述べる。仏教の主意は、「智力を照輝する」ことであって、まず第一に「心の光輝を広大なる自心内凝集および自心内反省の広大なる抽象（アブストラクト）の思観より出るものと、自分の推理力と直覚力の修練とを合せるに求むるなり」。仏から出るその智識の性格は、人間の弱さや不徳、さらに人間の罪の深さを知るものではない。仏の智慧はこれらの点を照らすことなく、暗闇のままである。したがって、「罪の最根源（第一罪行――原罪のこと、筆者）は、仏に取りては不可解的の秘事なりき」。さらに仏光は個体として独立した神の善、正、聖、全能を知らない。神が人の父であることを知らない。この点においても暗闇である。このように考えれば、仏について現れた光とはいったいどのようなものか不明である、とウィリアムズは述べている。現代仏教の教理を多少でも知っている人は、仏教でも同じことを教理の中で教えていると感じるだろう。先述の「真言宗仏前勤行次第」では、明瞭に身、口、意に煩悩によって生じる罪を懺悔（さんげ）すると告白する。さらに、信者たちは「みほとけ」の子という表現など、キリスト教の教義と大差のない文言が見いだせる。今検討中の書簡においてこの点に関して混乱が発生する理由の一つは、すでに記したように、熊楠とウィリアムズの立ちどころが違うためであって、熊楠が最初期の仏教の教説に限定しながら議論を進める『仏教講論』の著者の意図を十分理解していないためであろう。

いずれにしても、ウィリアムズは仏教の主意をこのように述べてから、仏が達成した一切の智識光明とは、人間としての願望に溺れて苦しみながらも長生きしようとするが、その生は苦と切り離せない。生きとし生きる者はすべて苦しみがあるので、願望を抑え、個人の存在を消すことによって、苦しみを受けることから脱却しようとすることに仏教の本質を見ようとする。この点に仏教とキリスト教の根本的な違いがあるとして、ウィリアムズは続けていう。

ここにおいて初めて一大反対を見る。仏はここに来たりわが徒となれというて受苦を脱せしめんとし、願望を除去して苦を脱せよ、と話せり。耶蘇は、来たれ、われに随伴せよとて、受苦を命ぜり。耶蘇は人に向かいてその苦を栄とせしめ、苦によりて諸性を完成するを望ましめたり。(104頁)

この主張に対して熊楠は同意するが、仏教においても正覚成道すればすぐに涅槃に入れると言っているのではなく、キリストは好んで苦しみを選択するのではないか、さらに『仏教講論』の著者は、二人(ブッダとキリスト)の同じ内容の言葉を、仏教については悪く、キリスト教については良い風に解釈しているのではないか、と疑問を呈している。さらにウィリアムズは、仏教とキリスト教における人間の位置づけについて説明する。両教とも諸被造物の苦、痛などを認める点では同じであるが、

二教の教化に大にして活なる別あるを見るべし。一は苦をしのんで苦体の栄を望み、一は苦に忍ぶこ

となくして苦体の全滅を教えたり。われらの『聖書』は何を言うか。わがキリストの徒はキリスト一体の部分なり。すなわち彼の肉と骨たるなり。かつて体に苦を受けたる神体の部分なり。（…中略…）しかして、今は光栄、常生、常与する体の部分なり。これをもって、吾人に教うるに、人体を愛し、人体を敬し、しかのみならず人体を神視すべきまでをもってせり。（104頁）

と説いて、キリスト教における人間の肉体の位置づけを解説している。神に対する人間の位置づけはすべての宗教における最基底にある重要な問題である。この点を明らかにしておかないと、宗教の特性が明らかにならないと言える。熊楠はこの点について、仏教における「仏性」の考えをもって応じている。

われらの経説は何を言うか。わが仏徒は仏界の諸員なり。すなわち仏と並座するの諸仏なり。楽を共にするの諸仏なり。かつて十全王位を道のために脱せる人の接伴なり。虎口に、魔口に殉ぜし人間の伴侶たり。しかして、今は常楽、常安、常愛する仏の同等なり。これをもって吾人に教うるに、仏性を愛し仏性を敬し仏性を恭敬すべきをもってせり。（104頁）

ここに熊楠の宗教理解の核心が見られるように思う。彼には宗教における「神聖」「信仰」などの側面がほぼ見られない。したがって、「仏性」「人体」の理解に齟齬が生じるのは必然である。熊楠は仏教においても「仏性」を認めるので、キリスト教の「キリストの体」説と相違はないという。果たしてそうだろうか。確かに仏教では人間に「仏性」、すなわち仏になれる資質があることを前提としている。この認識がないと、人間は永久に続く苦難の中で無間地獄をさまようことになる。同様のことはイスラームでも言われている。イスラームの神秘主義では、神に「創造」された人間は神に至る創造の階梯、段階を上に上昇することによって、神と合一（ある意味で神性を共有）できる可能性、資質を神から与えられて所持している。これがあるので人間は修行の苦難に耐えることができるのであり、希望を持つことができる。キリスト教は基本的にイスラームと同様の救済の構造を持つが、イスラームでは神の絶対性をキリスト教以上に強調すると言えるだろう。ただし、神と人間の間の格差は絶対的であるが、人間は自らの精進と一方神からの働きかけによって救済に至るとされる。一方、キリスト教では「受肉」説があり、イエスは神の子でありながら、人間の属性を持つことによって信者を救済できる点をその宗教の最重点とした。

いずれにしても、ここで決定的に異なるのは、ウィリアムズは初期の仏教において創造者を認めないがゆえに、救済は最終的に人間の努力による点であり、さらに人間が現世で行えることはひたすら禁欲的に悪を行わないようにすることである。にもかかわらず、「輪廻」の考えでは人間の今の状態がいつになれば改善されるのか保証がない（106頁）。熊楠は人間には「仏性」があるのだから、仏とともに楽しみ、安堵し、愛することができるという。問題はそれぞれの人間が「仏（悟りを開いた救済された者）」になれる保証のあり方である。ウィリアムズは繰り返し最初期の仏陀（ガウタマ）の教えは限られたいわばエリート修行者の尋常ならぬ修行をその核とする点を強調している。この議論と後代に発展した仏教教団や教義の話は明確に区別している。その過程で、初期のパーリ語で語る仏陀の教説こそが「真の」教えであり、のちに仏法僧を信仰の中心に置く仏教は明らかに初期のものとは異なっている、と主張するのである。さらに、このいわゆる大乗的な仏教は、仏陀の初期の教説の中に全くないわけではないが、衆生全体の救済は初期の仏教においてはその目的ではなかったと考えている。

このように教学的（神学的）に微妙な問題の細部について議論する能力は筆者にはない。ただ、重要な点は、ウィリアムズの解説は当時流布していた仏典の原点に依拠しながら系統的に一定の結論を提示しているのに対し、熊楠の議論は全く根拠が薄弱であることである。同様のことは熊楠とミュラーについて論じる際にも明らかになる。

熊楠は『仏教講論』の最終章の翻訳をほぼ半ばでやめてしまう。彼の翻訳の終盤はほとんど議論になっていない。同書簡106頁から「第一説法」について攻撃を行う。「第一説法」と言われているのは、有名な「マタイによる福音書」第五章〜第六章」、「ルカによる福音書」第六章一二節〜四九節のことで、一般に「山上の垂訓」として知られる箇所のことである。社会学者のマックス・ウェーバー（Max

Weber、一八六四〜一九二〇）などは聖書のこの箇所はキリスト教倫理の神髄であるとして、この箇所があれば他は無用とまで述べた箇所である。この箇所はキリスト教信仰の粋が記され、特にその倫理的特徴が顕著な箇所である。

熊楠はウィリアムズが当該箇所の一部を、「いわく、神の霊はわが上にあり、何となれば神は貧人にわが教示するを欲して、われを油点せり。神はわれを囚人のために自由を求め、盲者に眼を復し、縛られたる囚人の牢を開かんために送れり」（同箇所）と述べていることに対して噛みついている。つまり、仏の説明をするときは長い引用を用いて説明するのに、キリストの説明の場合は、どのような意味にも解釈できる短い言葉を用いている、というのである。「しかし、短句ながらも誤解しやすき句じゃ。もちっとましなものはないか」（106-107頁）として、貧人にのみ教示するのは意味が分からない、囚人を自由にすれば世間が困る、さらに盲人の眼が開けられたことにも疑問を呈し、「何故、無実で牢舎、眼のあきそうで悩みおるもの、と言わざりしか。もしまた、よい医師を紹介したとか、良薬やって目開いたとか、保釈金払って牢を出したとか、貧人に職業を与えたとかいうことならば、われらも多少やったこと、少しも神力にあらず」（107頁）などと書いている。

前文に続いてウィリアムズは、

然り、前世の輪廻の羇を出だし、先過の牢を出だし、過去を全《まる》けしにし、吾人に仇せる手書を丸消しにし、各罪汚点を洗浄し去り、各人に新路を開いて新たにやり始めしめ、自由に赦されて罪人をすくい、過人《とがにん》をすくい、ことに極悪人をもすくうはキリストの外なし。(107頁)

熊楠はこれに対し、「過ぎたこと丸消し帳とはありがたいが、そうすると悪いことばかりして丸消し冀《ねが》い、消してはまた冀うか。キリストは足利義政じゃ」と述べ、キリスト教の司祭に対する罪の告白と懺悔は、「いわば賄賂を月に四回払うようなこと」(同頁)とまで述べている。

一方でウィリアムズは、仏教とキリスト教の共通点を述べている、

これでもなお、われは、ある仏を好む輩、言うをきく。いわく、この反対を看破せる力は実に強し。しかしながら、仏律に耶蘇経典と符合せる美訓あるを知るべし。すなわち、人々世を愛せずして金を惜しまず、敵を悪《にく》まず、不正を行わず、不浄せず、善をもって悪に勝ち、おのれ欲するところを人に施せ、という美訓なり。(同頁)

さらに続けて、

然り、予はこれを認む。のみならず、予はこれより多くをゆるす。何となれば、キリスト教はただ節

制、加減よさを用うるところに、仏教は全廃をすすめたり。ただし二教の大異は教文の如何《いかん》に関すること少なく、実行の力如何にありというのみ。（同頁）

と述べる。これに答えて熊楠は、「実行の力」とは意味不明であるとして、キリスト教徒がエジプトやインドで行った不正な活動を指摘し、スペンサーの言葉を援用しながら、西洋の軍隊は、「人わが一頬を打たば他頬を打つに任せ」と言う『聖書』の箇所を除いて、軍人に読ませる、と述べている。

最後にウィリアムズは仏教の人間の力に依存する「自力」救済に対し、キリスト教では神の力に依存するとして、「仏その徒に告げていわく、われにとるなかれ、みずから任ぜよ、と、キリストいわく、一切われに取れ、自ら任ずべからず、我は汝に常住の生、天の食、生命の水をあたうる」（108頁）と述べ、熊楠は、「これは、これ火をもって火を広ぐるの法なり。火を止むるの素質なきものを如何《いかん》せん」（同頁）と反論している。

以上が書簡に記された熊楠の翻訳、コメントの大筋である。もちろん対面で議論しあっているわけではないので、熊楠には勝手言い放題である利点がある。筆者の印象では、熊楠の議論は聞くべき点もあるが、あまり議論になっていないように思う。時に子供じみた屁理屈を述べているだけのように感じる。いずれにしても、熊楠が翻訳しなかった残りの部分について簡潔に述べると、以下の内容である。『仏教講論』の最終章でウィリアムズが強調しているのは、キリスト教が仏教に勝っている点である。仏教は最初宗教としての特徴を持っていなかったが、時代が進むにつれて宗教独特の特性を帯びるようになった（「神」に似た崇拝の対照の存在（阿弥陀如来や大日如来などを想起すればよい、筆者）、神聖、僧侶階層、など）。しかしながら、キリスト教と仏教の間には、超えることのできない深遠な溝がある。そして最後に、両者を比較して真の宗教との違い、偽りの哲学とそこから派生した宗教的体系について述べるという。第一に、仏教にはほかの宗教を拒否する体系がない。仏教徒でありながら、ヒンズー教徒、儒者、神道の信者などということは明らかに矛盾している。唯一絶対の神を認めるキリスト教では、このようなことはあり得ない。第二点は、両宗教の開祖には出生に大きな相違があり、キリストは貧しいみすぼらしい環境に生まれたが、仏陀は王族の子として生まれ、のちに托鉢を行って人々の援助を得た。キリストは信者に対して救いの道を示し、知恵と恵みを与えたが、仏陀は弟子に対して自らの努力で救われることを求めた。また二人の最期もその違いが際立っている。キリストは悲惨な死を遂げたが、仏陀は友人、従者に囲まれて平和に亡くなった。死後二人はどうなったか。キリストは朽ちることなく、復活して永遠に人々に恵みを与えるのに対し、仏陀の体は死後荼毘に付され、その灰は世界中に拡散した。仏陀の言葉のみ残されたが、それは様々に解釈されている。一方、キリストの教えは永遠に残る。仏陀の教えはこれに対して、五〇〇〇年の歳月を経て消滅し、新たな仏陀が降臨して新たな体系を再興する、というものである。

熊楠がなぜこのような内容の後半部分を翻訳しなかったのか、不明である。本人によれば、植物などが部屋に散らかっており、放置すると損をするから翻訳をやめる、と述べている。情報提供をやめる理由としてはふざけているが、後半の内容は明らかにウィリアムズの上から目線的、護教論的立場が明瞭に表明されているので気に入らなかったのかもしれない。あるいは、単に疲れてきたので、気まぐれで中止したのかもしれない。

3　比較宗教学の嚆矢ミュラー（Max Müller）と南条文雄

『仏教講論』は熊楠が特定の宗教についてやや踏み込んだ議論を展開している点で貴重である。同時に、仏教、インド学、比較宗教という話になると、これまで度々言及したミュラーについて触れておく必要がある。この人物はインド学、特にバラモン教の聖典ヴェーダに関する膨大な業績を残しただけでなく、多種多様な宗教文化が流入する時代の流れを受けて比較宗教学、比較文化学の嚆矢でもあった。同時に、南条文雄《ぶんゆう》についても簡潔に触れる。かれは、熊楠よりも一六年ほど先にイギリスに渡り一八七六年から一八八四年まで足掛け九年の長きにわたり滞在して、そのうち一八七九〜八四年の六年間はオックスフォード大学で教鞭をとるインド学の第一人者であったミュラーのもとでサンスクリット語を学んだ。南条はのちにわが国のサンスクリット学の草分け的存在となり、のちに清沢満之に継いで大谷大学二代目学長であったことで知られる人物である。熊楠のような私費留学生ではなく、東本願寺から派遣された公費留学生であった。両者の勉強方法は際立った対照をなしているので、ミュラーについて論じる過程で対照的に述べてみたい。私費留学が良いのか、公費留学が良いのか、それぞれに長所と短所があると思うが、両者の足跡を追うことで熊楠のイギリス時代の勉強方法の特徴が多少理解できるかもしれない。

マックス・ミュラー（1823-1900）

明らかに熊楠はミュラーの著作を読み、参照している。ただし、法龍との書簡を読むと、あちこちでミュラーを口汚く非難している。ミュラーは基本的に文献に基づく考証を得意とする学者である。古代インド語研究に耽溺した結果、ヴェーダ（特にリグ・ヴェーダ）の言語が最古のインド・ヨーロッパ語であると断定する大きな間違いを犯したとはいえ、一九世紀半ば以降インド学の世界的権威であった。ヨーロッパの近代文明に疑問を感じる多くのポストモダン的知識人に影響を与えた。彼の言語能力は極めて優れていた。もともとドイツ人であったが、ヨーロッパの古典語、ギリシア語、ラテン語は言うまでもなく、サンスクリット語、ペルシア語、アラビア語も駆使できた。この点で想起されるのは、最終章で触れる我が国のイスラーム研究の世界的権威であった井筒俊彦である。井筒は中東の主要言語に加えて、サンスクリット、ギリシア語、ラテン語、さらにヨーロッパの主要言語を自家薬籠中の物としていたとされ、自由に研究に用いることができた。一方、熊楠は久しく言語の天才で、十数ケ国語を自由に操ることができたとまことしやかに語られたが、これが明らかに誤りであることは現在では知られている。おそらく、熊楠が研究に用いることができた主要言語は、中国語（漢文）、英語、フランス語、ドイツ語、日本語で、彼の外国で発表した論考はほぼすべて英語で書かれている。

さてミュラーであるが、彼はのちにイギリスに渡りオックスフォード大学で教鞭をとった。この時期に日本から数人の若者がオクスフォードでミュラーの教えを受けている。それが南条文雄と笠原研寿であった。しかし、笠原は南条とともにミュラーの自宅に通い研鑽したが、病気で早世した。二人は教室での授業ではなく、直接ミュラーの家に出かけ、定期的に教えを受けていた。特別扱いのようにも見えるが、一つの理由はミュラーが二人から日本に保存された仏典について情報を得たかったためであると思われる。南条は仏典の目録を作成し、後代に残る業績としている。さらに、南条はミュラーの講演録を日本語に翻訳している。南条は『懐旧録――サンスクリット事始め』（平凡社、一九七九年）において、恩師を次のように紹介している。

いまや私は留学時代の追懐を終らんとするに臨み、私の学的進路に対し、――おそらくそれには文

南条文雄（1849-1927）

字どおりのA、B、Cより、ともかくも梵文仏典の書写訳読、さてはその出版にいたるまで、及びこれとともに当時第十九世紀の後半にありて、ようやく東方研究が欧州学会の注視するところとなり、この時運に誘導醸成されたる諸多の学者ないしはその研究学会への紹介同行にいたるまで——すなわち私の今日あるこの生涯のすべてを、すでに五十年の古きにおいて啓発の労を惜しまれなかった恩師、前世紀における東方研究の歎賞すべき一個の偉大なる指針、マックス・ミュラー先生への追憶を新たにしたいと思うのである。

先生は西紀一八二三年（我が文政六年）ドイツ・デッサウに生まれ、父君はウィルヘルム・ミュラー（Wilhelm Müller）と言い詩人であったと聞いている。中学を卒業の後、ライプチッヒ（Leibzig）とベルリンにおいて梵語を学修し、パリーに留学して当時の巨擘ビュルヌーフ（Eugén Burnouf）の門に投じ、専心リグ吠駝（Rigveda）を研究されたのである。ついでイギリスに到り、東インド会社の嘱により、『リグ吠駝全集』を公刊され、爾来その名ようやく高く、オックスフォード大学助教授より進んで教授の椅子を占められた。

夫人はすこぶる文才に富み、賢明で素質で、また私たち学生にたいしてもきわめてめぐみの深い人であった。近世美術批評家として有名なラスキン（John Ruskin、一八一九〜一九〇〇）はすなわちその父君で、当時オックスフォード大学の美術教授であった。

大学における先生の講座は、梵語学であるが、その他にも比較言語学、宗教学等はその専門的に研究せられたところで、私たちの留学とともに、仏教学にもいちじるしき興味を向けられ、すべてインド研究、インド学に関しては、実に双びなき時代の権威であった。しかしてその間先生の最もよき援助者としてオックスフォード大学名誉学長プリンス・アルバート親王があった。王はすなわち（クイーン）ヴィクトリア女王の夫君であった。

かくてその一代の壮挙ともいわるべき『東方聖書』（Sacred Books of the East）四十八巻が完成したのである。（176 - 178頁）

『懐旧録』のイギリス留学時代の記述には、南条のミュラーに対する尊敬と愛情が各所で吐露されている。上記の通り、南条は友人の笠原とともに、一週間の決まった日にミュラーの自宅で薫陶を受けていた。二人のオックスフォードでの生活については、『懐旧録』や笠原の手記を見ればある程度推測できる。特に、自著の『大明三蔵聖教目録』をオックスフォード大学に提出して、学位授与の労を取ってもらったこと、さらに学位授与式の様子を簡潔にではあるが感慨深げに記している。南条文雄について、熊楠は法龍と書簡を交換していた初期においてはその名を知らぬと述べているが、のちの「ロンドン抜書」には南条の同じ著作を二度書写しており、何らかの形で参照したことが判明する。この著作の英文書名は、Nanjo Bunyu, *A catalogue of the Chinese translation of the Buddhist tripitaka*, Oxford, 1883である。他方、ミュラーは死後夫人によって編纂された書簡集の中で二人のことに触れ、大いに期待していたことがわかる。筆者が南条の留学に関して興味を覚えたのは、熊楠の「留学」との違いからであった。一方は公費で学問し、他方は父親の遺産を頼りに学んだ。一方は必ず業績を形として残さねば帰国できないような縛りの中にあり、他はそのような縛りはない。多くの研究者は熊楠の「自由な」ロンドン生活に羨望を覚え、あわよくば自分にもそのような機会があれば、と感じただろう。筆者もその一人であった。この自由さゆえに彼の「壮大な」学問が形成できたのだ、というような議論もあった。果たしてそうか。筆者はいつのころからかこの点に疑問を感じるようになった。この問題は最終章で私見を述べる予定である。

南条によるミュラーの紹介によってもわかるように、彼が渡英した一八七〇年代において、ミュラーは専門のインド学と同時に比較宗教学の講義を行っていたようである。法龍との書簡から熊楠がミュラーの著作を読んでいたことは明らかである。顕彰館には *Chips from a German Workshop*, 1867-1875が保存されており、同書には仏教関連の論考が収められている。この書物は同時代の神秘的宗教を追求する人々の間で『バイブル』のように受容されていたという。ただし、ミュラー個人はそのグループとは一定の距離を保っていたようである。同時にミュラーの比較学に関する学的思想を知るためには、南条文雄訳『比較宗教学』ならびに *Lectures on the Science of Religion*, 1874がある。これらの資料を検討すると、ミュラーの学的態度、方法が明瞭に見えてくる。ここでこれらの書物に基づき、ミュラーの学問の特徴について簡潔に述べたい。

ミュラーは言語学、比較言語学を得意としたが、世界の言語に関する該博な知識を駆使して世界の宗教に対しても強い関心を持った。第1章で述べたように、この学問的関心は大英帝国の帝国主義的世界制覇と無関係ではなく、世界中の宗教に対する新情報が奔流のごとく英国に流れ込んでいた時代であった。ミュラー自身はドイツ人で、生涯にわたりルーテル派のキリスト教徒であったが、彼の考える比較宗教学、科学的な宗教研究においてはキリスト教は重要な宗教ではあっても相対的な世界に存在する宗教の一つに過ぎなかった。彼の基本的学的立場は次の通りであった。世界に存在する多くの宗教、例えばキリスト教、ユダヤ教、イスラーム、インド教（バラモン教、ヒンズー教）、ゾロアスター教、仏教、儒教、神道などを研究する者は、それぞれの宗教が行われている地域の言語を理解できなければならない。宗教の理解のためには歴史、文化、思想など様々な分野の活動に関する知識が必要であるが、それを手に入れる基礎的道具は言語であると考えた。この信念に基づき、ミュラーは、サンスクリット、ヘブライ語、ギリシア語、ラテン語、パーリ語、ペルシア語、アラビア語など多数の言語を習得した。ただ、極東の言語、中国語や日本語はさすがに習得に至らなかったようで、この意味で南条ら日本人留学生の存在の意義は大きかったと考えられる。

このように、ミュラーの科学的宗教研究は比較の手法に依拠しているため、世界中の宗教の特徴に関する調査を行った。その集大成が南条のいう『東洋聖書』四八巻であった。宗教には自然宗教、啓示宗教、哲学宗教などの分類がなされるが、彼によれば宗教の根源的なところに人間が自然に対して感じた畏怖、驚嘆の感情があるとする。太陽、月、山、海などが人間に与える、その背後にある「無限定的な」力は偏在して（汎神論）、人間の情念的な感情に影響するのだが、この無限定な力はすべての宗教にあるため、諸宗教に優劣をつけることは本来できないと考えた。この立場は現代の研究者から見れば格別特異な立場に見えないが、当時は社会全体に大きな変動のあった時期であり、伝統的キリスト教はこのような考え方に危険性を見出した。本章の前半で述べたウィリアムズとは明らかに異なる立場であった。

このようにリベラルな立場から宗教研究を提唱したミュラーであったが、彼はインドの宗教、バラモン教、仏教研究に著しい精力を注いだため、偏った宗教理解を生むことになった。語源学的研究から、特定のグループの言語には共通の言葉が観察できるため、それらは元来共通の起源をもつ言語群であると考えた。その結果、バラモン教の聖典『リグ・ヴェーダ』の言語こそがインド・ヨーロッパ後の最古の言語であると結論した。

このような宗教研究には長所、短所があると思われるが、ミュラーの新しい学問が時代の産物であったことは明らかで、一九世紀の半ば以降、ヨーロッパではこうした比較研究が盛んにおこなわれ、新しい時代に新しい思考方法を提供していたのである。一八九二年以降イギリスにいた熊楠は明らかにミュラーの著作を読んでいた。ただ、ミュラーの影響力は世紀末には衰退しており、様々な批判がなされていた時である。すでに述べたように熊楠はミュラーを批判するが、筆者には熊楠にはミュラーの学的方法が理解されていたのか疑問に思う。ミュラーの手法は該博な言語の知識に基づく意味論(semantics)であるが、その方法の真偽はともかく、当時の世界でミュラーの学力に正面向かって対応できる人がどの程度いたのかと思うのである。

のちに、ミュラーの蔵書は東京帝国大学に寄贈され、「マックス・ミュラー文庫」として保管されていたが、一九二三年(大正十二年)、関東大震災によってすべて灰燼に帰した。

4 まとめ

本章は熊楠と法龍の往復書簡の中にあるいくつかの書簡をめぐって、熊楠の仏教とキリスト教理解について述べた。引用部分が古い日本語で、しかも熊楠独特の文体、表現によって時に難解な記述になっているが、熊楠の宗教理解に関してこの書簡は極めて重要な意義を持っている。話が少し面倒になってしまったのは、法龍自身が熊楠にペースに合わせている面があり、彼の書簡を面白おかしく受け止めていたためでもある。学者あるいは熱心な求道者間の同じ土俵上の意見のやりとりではなく、少なくとも出発点においては両者ともそれぞれの立場から相手を探り、また利用しようとする一面もあった。したがって、一定の有意義な結論に導くべき意見の交換ではなく、一種の気分転換、また実利的な目的をもって行われたものであった。逆にそれ故に、両者の人柄や本音のようなものが垣間見えることがしばしばあった。

この書簡のやり取りから分かることは、熊楠の仏教やキリスト教に関する知見が決して高いレベルではなく、少なくとも仏教に関して言えば、真言宗で将来を嘱望された法龍から見れば全く不十分であったように思われる点である。仏教関連の詳細に関して熊楠の知識は不十分であったようだが、仏教を生業とする僧侶の立場から見て、どうやら熊楠の議論は青臭く、何より当時のヨーロッパにおける仏教学会で観察できる見解を受け売りしているようなところがあった。法龍はこの点を感じ取って、これまでになかった剣幕で厳しく指摘したのである。少なくとも英国に渡ってから一〜二年ころの熊楠の仏教に関する知識は脆弱であったことが分かるのである。

同様のことはキリスト教についても言える。熊楠はウィリアムズが自著の中で仏教を公平に扱わないキリスト教護教論に基づいているとするが、筆者の見る限り熊楠のキリスト教理解は仏教以上に脆弱であるように感じる。確かに彼は『聖書』を所有していたので（顕彰館にも一冊保存されている）、目を通したことがあったかもしれないが、具体的な聖書の解説についての知識はほぼ皆無で、本章で触れたように意味不明な批判を行っているように見える。彼は欧米社会で一〇年以上生活していたので、キリスト教徒の実情については自然と理解していたはずだが、逆にそれが災いしたのか、生涯「神意説」を嫌ったようである。この点は彼の宗教観を知るうえで重要なカギとなっている。

さらに、ウィリアムズと因縁深いミュラーについて簡潔に触れた。理由は、この人物は当時勃興してきた比較宗教学の先駆者であり、熊楠自身比較的頻繁に言及しているためである。文献を重視して世界の宗教・文化現象を比較検討するという手法は、むしろ熊楠に近いように思われるが、実際に熊楠がミュラーから学ぶことはさほど多くはなかったようである。同時に、ミュラーから直接教えを受けた日本人の事例を若干紹介して、熊楠のような私費留学の場合との対照を行った。

第5章 熊楠と帰納法
――ミルとベインから学んだこと、その学問の方法と「燕石考」

物理学が一定の進歩を達成して以来、生命現象が依存する法則をどこに求めるかに関して疑いはない。というのは、それら（生命現象の依存する法則）は、有機的構造を構成する異なった繊維についての特定の重大な法則とともに、有機的物体とそれを支える媒介を構成する法則、個体液体の力学的、化学的法則に相違ないからである。これらの法則によって経験が説明する（事実）、さらに常に検討された予告へと導いたすべての事実を証明するまで、それらが原因であることを知らなかったのである。

J. S. Mill, *A System of Logic Ratiocinative and Inductive. Being a Connected View of the Principles of*

Evidence and the Methods pf Scientific Investigation, London, 1872, p. 530（以下『論理学体系』）

本章の目的は、熊楠が学んだ一九世紀半ば以降のイギリスの最新の学問の方法、帰納法について解説することである。この英国で主流とされる学的推論の方法を熊楠がどのように理解し、実際に自らの研究に適応していたか、できていたか、について考察する。具体的には彼が「とっておき」の自信作とした「燕石考」でどのように適応されているかを検証することである。確かに熊楠の学的方法にはデータ主義が顕著に観察できる。あまりに多くの情報が詰め込まれているので、一見無秩序な事実の羅列を特徴としているように見える。しかしながら、熊楠の英文論考、特に長文の論考を検討すると、事実の羅列のように見える記述の合間に、当時イギリスを中心に行われた最新の学説、議論を踏まえたうえで一定の分析、推論が展開されていることが分かる。重要な点は、熊楠の議論はあれこれ「無秩序に」述べるので真意が伝わらない、という従来の批判（実は、本人も認めている事実ではあるが）に対して、少なくとも論理的、因果論的説明を本質とする英文論考の読者を対象とする長文の論考においては、一定の手順を踏んだうえで、首尾一貫した結論を引き出す努力がなされている。

邦語論考ではさほど顕著ではないこの特徴は、英文論考においては、①読者が英語を理解し、②欧米社会では自明の前提とされる論理的構造と形式を必要最低限備えることが求められること、さらに③日本人読者には欧米社会に独自な論理構造や記述の方法についていまだ十分な備えがないこと、加えて④学問の形成にとって最重要な若年期を欧米で過ごした熊楠には、少なくとも邦語による「正しい」論文の書き方が定まっていなかった（彼が幼少のころから慣れ親しんだ古い書物の記述方式を含む）、などの理由から説明できる。これらの項目は相互に重複しているように見えるが、言語上の読者の相違、知的エートスの決定的な相違は極めて重大な影響があるため、それぞれ個別に明記される必要がある。

ところで、ちょうど熊楠がロンドンに滞在していた時期におよそ半世紀ほど先だって、イギリス人の専売特許のように扱われる、経験論に基づき帰納的に自然界の真理を理解する方法がJ・S・ミルによって体系化された（一八四三年）。さらに、ミルの著作に依拠しながらA・ベインは自らの論理学の書物を刊行していた（一八七二年）。熊楠のロンドン滞在中、両書が刊行されてから相当の時間が経過しており、十分に識者の間に浸透していたと推察できる。ちなみに、二書は内容的にはほぼ同様であるが、ベインがミルの許可を得て用いられた事例をより時代に適合したものに変更したものであった。後述するように、両書はわが国でも知識人の間でよく読まれていた。

熊楠が高い確率でその影響下にあったと推測できる帰納法とは、一般に五感を用いた観察（実験）による経験をもとにして、数多くのデータを収集することによって、一定の結論（法則）に到達する手法である。熊楠は民俗学に関しては、実験を書物の中に見出せるデータの収集に置き換えているように見える。というより、学問の性質上、そうせざるを得なかった。この手法は伝統的にイギリス人によって開発、発展された特徴的立場であるとされるが、すでに一七世紀の段階で、初期的であるとはいえ、いわゆる大陸的演繹法との融合による学的方法に注目が払われていた（F・ベーコン）。一八世紀末に至り、「産業革命」が進行する中で、科学技術の飛躍的な発展がみられた。冒頭の引用に見られる知的エートスは、産業革命がさらに発展・拡大した一九世紀の精神を代表している。科学的精神に基づく新しい時代の価値を確信する知識人たちは、大同小異の信念を抱いていた。それは一方で科学に対する絶対的信頼であり、他方で伝統的宗教的信念に対する抵抗、反逆、あるいは「合理化」であった。

熊楠は第1章で述べたように、抽象的、形而上学的議論を好まず、この種の議論をする場合ですら、常に具体的事例を念頭においてした。一九世紀のイギリスは、この意味で彼にとって吸収すべき知的エートスが蔓延した楽園であった。自然界に観察できるあらゆる情報が間近にあった。大英帝国の地球規模での拡大は、世界中のいたるところから想像を絶する量の情報をもたらしたからである。第1章で概説した通り、これが熊楠の生活した一九世紀のイギリスの一面であった。

ここで指摘しておきたい点は、ミルは自らの著作のタイトルとして、*A System of Logic, Ratiocinative and Inductive, Being a Connected View of the Principles of Evidence and the Methods of Scientific Investigation* を与えていることである。注目すべきは、Ratiocinative and Inductive の文言で、この著作の特徴を凝縮している。ミルの基本的な主張は、真の科学的方法とは単なる事実の収集ではなく、事実の収集と分析（帰納法）の結果得られた結論（法則）と演繹的推論（ratiocination＝三段論法による推論）の融合的関係である。両者の相即不離の関係が科学的真理に至る方法であることを体系的に論じた点に彼の新しさがあった。

既述の通り、熊楠の論考は事実を羅列するばかりで結論がない（あっても判別しがたい）ように言われる。しかし長文の英語論文では、推理、論証、さらに到達した結論が妥当性を持つかはともかく、結論は比較的明瞭に判別できる。この点は、本章の最後の箇所で具体的に示したい。

以上を踏まえてミルの『論理学体系』の主要な議論について検討するが、その前にミルの著作を理解しやすいように、本書が生まれた時代的、思想的背景についての簡単な説明から始める。

1　ミルの著作が生まれた時代と思想

一九世紀は科学の時代であり、それは同時に合理主義の時代であった。合理主義とは自然界の現象の背後に原因と結果の関連があると考える立場である。ベインは著書『論理学』の中で、「因果関係」が当時の人々にとってどのように理解されていたかに関して、その状況を丁寧にわかりやすく説明している。科学の発展進歩に伴う人間の知の地平の拡大によって、新しい時代は単純に一つの原因が一つの結果を生み出すというような旧来の学説を受け入れがたいものとした。もちろん、自然現象には一定の連続した画一性、それは一つの大きな画一的な力としての因果の法則にしたがうものと考えられていた。因果の考え方には段階があるものの、①実際的な観点、②科学的な観点、③エネルギー保存の観点、特に③に注目が集まっていたという。一つの原因から単純に一つの結果が生まれるという議論ではなく、近代科学の発展によってもたらされた新たな真理は、現象界の説明をこれまで想像もできないほど複雑なものにしたのである。一、二例を挙げて説明してみよう。船舶は風や蒸気の力によって動く。風はともかく、蒸気の力は水を媒体とする熱によってもたらされる。熱は石炭と酸素の燃焼あるいは結合によって引き起こされる。石炭は過去の時代に植物が炭化したものであって、植物が成長するためには太陽熱の消費が必要であった。同様に、人体において、機械的な力は筋肉の行使によって獲得される。その行使は血液中にある物質の酸化による。これらの物質は植物であったり、植物を摂取した他の動物の体であったりする。このようにして、船舶の例と同様に、行きつくところは植物における太陽の光線（熱）である。移行されたエネルギーは、すべての変化における最終的にして十分な説明となる。この最高の法則に導かれることなくなされる因果の説明は、正しく叙述されているかもしれないが、実は正しく証明されていないのである。このように、科学的説明は以前に比して、格段に複雑化したが、究極のところでエネルギーの存在に結びつくことになった。この状況はその後の科学、特に物理学の発展によって変化が生じるが、一点に関しては大きな変更がなかった。この間の状況について、柳瀬睦男（『科学の哲学』、岩波新書、一九八四年）は言う（力学的エネルギ

ー、電磁気的エネルギー、さらに物質が我々の現在持っている知識としてのエネルギーであるのだが）

電磁気的なエネルギーが出てきたときに、物理学者はすぐに一つの系の中で、それと力学的エネルギーを加えたが一定であるかどうかを問題にしました。その答えはやはり一定でした。……これを「熱力学の第一法則」と名づけました。「あらゆる現象に関与するエネルギーの総和はいつも一定である」というのが熱力学の第一法則です。

そこで逆にこれが、物理の発展の一つの指導原理となったのです。新しい現象が見つかりますと、その新しい現象の中でエネルギーが保存されるかされないかという問いがいつもなされました。アインシュタインの $E = mc^2$ の関係式が出てきたときにも、やはりこの問いがなされ、その結論はやはり同じでした。

エネルギーの不変法則は、少なくとも現在の物理学の知識では、最も基本的な法則と言えます。それが将来どういうふうに変えられるか分かりません。基本的に考えて、われわれがある現象を見たときに、変化ということを問題にするためには、どこかに不変な量、不変な存在を仮定しなければならない。そうでなければ矛盾になるのではないか。前に述べたように、これはギリシアの昔から哲学の根本問題でした。万物は全部変わるか、変わらないのか。それに対して、変わるものと変わらないものがあるから、変わるという言葉が意味を持つというわけです。（同書36―37頁）

この引用は平易な言葉で記述されているものの、科学者（特に物理学者）の立ち位置を知るうえで極めて意味深長な内容である。ミルとベインの解説の具体的な事例は基本的に自然科学、なかんずく物理、化学に関する当時の発見から採用されている。つまり、両者の理論の基礎は自然科学であって、人文科学・社会科学ではない。（後者（歴史や政治など）は前者に比べて、）観察実験に関して多くの問題を抱えているが、この時代の知識人は、多かれ少なかれ、人文科学の分野においても自然科学における と同様、一定の因果関係が貫徹するかのように考えていたように見える。自然科学の現象を純粋に科学的に、哲学的に見るか、いずれにしても、上記引用によれば、一定の一貫した説明には、「どこかに不変な量、不変な存在を仮定しなければならない」のであった。デカルトのコギトを持ち出すまでもなく、思惟の大前提として「確実なもの」が絶対に要求される。そうでないと、あらゆる議論は空理空論となるからである。一七世紀前後から、西洋の近代的知識人は、この問題に腐心してきた。この基準があって初めて真の意味で思惟が可能となるからである。

自然界に存在する真理を理解し納得するために人が通常行うのは、合理的判断である。その前提として、整合性のある合理的解説が必須となる。そして合理的解説の基礎は現象の背後にあると考えられる因果と結果の整合性、因果関係である。現象の原因と結果の関係が明らかになって初めて人は納得する。この関係を明らかにする努力は、西洋近代においてF・ベーコンなどによって多くの情報の収集に依拠しながら、一定の法則へと導く作業が重ねられてきた。そして一九世紀の前半、帰納法として体系化がなされた。この帰納法的解説を最終的に体系化したのがJ・S・ミルであった。ミルによれば、自然の背後にある因果関係の法則を見出すために用いる実験的方法は、四つある。次節でそれを具体的に解説しよう。

2 ミルによる四つの実験的方法

【第一法則】 斉一の法則 (method of agreement)

調査中の現象の一つあるいはそれ以上の事例において、共通の状況が一つしかない場合、その状況は現象の原因(または結果)である。

【第二法則】 相違の方法 (method of difference)

ある現象が発生する場合、さらにある現象が発生しない場合において、一つの状況が前者においてのみ発生することを除いて、両者に共通するあらゆる状況(条件)が存在するならば、その場合に限り二つの事例に相違が発生する場合は、その現象の結果、または原因、あるいは不可欠の部分である。

【第三法則】　斉一法と相違法の併用（method of agreement and difference）
その現象が発生する二つまたはそれ以上の事例において、ただ一つの状況が共通しており、その一方で、その現象が発生しない二つまたはそれ以上の事例においてその状況が存在しないこと以外にいかなる共通点も存在しない場合、その場合においてのみ二組の事例が異なる状況は、その現象の原因、あるいは結果、またはその原因の不可欠の部分である。

【第四法則】　残余の方法（method of residue）
あらゆる現象から、これまでになされた帰納によって何らかの先行条件の結果であると知られている部分を消去する、するとその現象の残余は残された先行条件の結果である。

第一法則について言えば、この法則は自然界に存在する事物について、観察した複数の対象が全く同一（斉一）である場合、それを現象の原因（または結果）と認める経験論的立場の基本であって、同一の状況が再現することによってその状況には同一の原因があると考える。この立場は数学のような論理的真理と異なり、事例が増えると判断に支障が生じる点が特徴であり、現実の自然界で斉一の原理が貫徹することは通常まずないからである。この点で第一法則は事実確認、発見の方法として不完全であることが分かる。熊楠はこの現象界の特徴を認め、これについて、……また議論の行き過ぎたるところもあることにて、実は世間に今日ごとき人智にてはホモロジーすなわちどこからどこまで符合するものは一もあることなきは、猫を見てたちまちどれも猫と見れども、飼いつけた主人には同異が判然たるごとく、世間に一切符合する別物別事あることなし。幾何学には、三角形が三辺と三角と相応すれば符合するということあり。されど、これらは想像仮説に止まることにて、今紙上にいかによく相応する三角形を画するとも、線の厚さ等に異同あれば符合とはいいがたし。さればアナロジーということ、決して軽んずべきにあらざるのみか、実は論理にはこのことの外相手にするなしと知れ。（『南方熊楠　土宜法龍往復書簡』、260頁）

と述べ、世の中に全く同一のものは存在しないとして、すべては類似（アナロジーであって、それが論理の基本である旨述べている。ミルの第一法則の敷衍であるように見えるが、この点は熊楠の考える自然界における真理に至る学的方法を探るうえで極めて重要であるため、【検証二】でさらに詳述する。

このように、斉一の方法は自然界にあると想定される因果関係を知る最も基本的な手段であるが、実は脆弱な照明の根拠であって、これだけでは因果関係を原理として把握することはできず、不完全である。しかし、斉一の方法を否定的な（矛盾的な）事例に適応すると、その特徴的な不完全さから解放される。否定的な前提は斉一の方法の一つの単純な事例として、肯定的な前提を要求することとなく作用させることができる。しかし、これはあくまでも理論的にそうなのであって、実際には肯定的事例なしに否定的事例を作用させることができない。これを補強する重要な方法が「相違の方法（矛盾の方法）」である。自然界に存在する事物は同一であると同時に、同一でない事例を比較検討することによって明瞭に理解できるようになるからである。もちろん、斉一の方法同様に、自然界に存在する事物は無数であるので、「……ない」事例は同一である事例よりもはるかに多く存在すると考えられる。したがって、斉一と相違の方法を併用することが正しい方法である。このように第一法則、第二法則を個別に用いる限り十分な対応はできない。これを補強・修正する手段が第三の方法、斉一と相違の方法を併用する方法（相違の間接的方法 The Indirect Method of Difference ともいう）である。

上記第三法則（斉一法と相違法の併用）の定義によれば、前半「その現象が発生する二つまたはそれ以上の事例において、ただ一つの状況が共通しており」の部分が第一法則にかかわっており、「……その場合においてのみ二組の事例が異なる状況」が第二法則と関連している。この方法では、次の点が仮定されている。つまり、ある結果が存在する事例は、原因Aを含むことにおいて一致するばかりでなく、aが存在しない事例は、Aを含まないことにおいて一致する、ということである。そうであれば、Aはaの原因であるばかりか、唯一の原因の可能性であるに違いない。というのは、もしほかに原因があれば、例えば原因Bのように結果aが存在しない事例において、BはAと同様にには存在しなかったに違いない。そして、これらの事例がAを含まないことにおいてのみ一致することは正しく

ないと考えられるからである。このように、併用法では、相違法同様に現象が存在する事例において
どのように、何が、その現象の存在しない場合と異なるかを確認することから始める。この方法は相
違の方法に次いで帰納的作業の道具（手段）において最も力強いものである。そして実験の助けをほ
とんど、あるいはまったく用いない純粋な観察に依存する科学において、この方法は直接的に経験に
訴えることに関して言えば、第一番の手段であると考えられている。

最後に第四法則である残余の方法は、その原則において非常に単純である。つまり、所与の現象から先行する帰納的作業の結果に基づいて知られるようになった原因として割り当てられるものをすべて取り去ると、その残り（残余）はこれまで見落とされてきた先行事項の結果である、ということである。

この方法は、実際には相違の方法の特別な修正であると言われるが、幾分の留保事項はあるものの、残余の方法は発見の手段の中で最も重要なものの一つである。自然の法則を調査するすべての法則の中で、予期せぬ結果という観点から最も豊かなものである。しばしば原因と結果について、観察者の注目をひくほど十分に顕著でなかった顛末を我々に知らせてくれる。

ここで特に注目しなければならないのは、残余の方法を用いる場合、これまで帰納的作業（斉一、相違の方法）によって到達して得られた結果（法則）を、既知の真実として推論的作業において活用する点である。それらの結果を用いることによって、観察者が通常の帰納的作業において予想すらで

きなかった結果を仮説として手に入れることがある。この点がミルの論理学システムの中で最も特徴的なところである。一般に考えられているように、イギリス的経験主義に基づく厳格主義的なデータ主義ではなく、推論と従来の経験主義的帰納的方法を併用することによって、知識の地平を拡大しようとする企てがみられる。ただし、この「四つの実験的方法」ですべてが解決するわけではない。さらに解決すべきいくつかの問題があった。

3 四つの実験的方法の問題点と克服

以上で解説した「四つの実験的方法」には、現象界に存在する多様な因果関係を十全に説明する上で依然として克服しなければならない障害がある。中でも注目しなければならないのが「原因の複数性 Plurality of Causes」である。すでに船舶の例で示したように、近代科学の発展に伴い、自然界で観察できる様々な現象は唯一の単純な直接的原因によって生起するのではないと理解されるようになった。非常に複雑かつ多様な原因によってそれらが互いに複雑に絡まりあいながら引き起こされる。究極のところ太陽のエネルギーに収斂する「エネルギー保存の法則」が前提とされていたとしても、現実の自然界においてそれらが単純に現象することはない。自然界の現象に筋道を立てて説明することは時に至難の業であるものの、科学者はそれに答えを与えねばならない。熊楠が「燕石考」で企てたのも、この複雑な問題にかかわっているように見える。熊楠は同論考で必ずしも明確な答えを出さなかったが、彼が格闘した問題は以上の脈略で眺めるとかなり明確にその姿を現してくるのがわかる。少なくとも、熊楠は民俗学的関心の中で、科学的方法の模索におけるのと同様、いや科学の問題以上に複雑な様相を見せる人文科学（民俗学、人類学、博物学）の分野にかかわる問題群について、問題の現状を明らかにして、彼なりの対応を表明していることが分かるのである。自身「事の学」と称したものである。

一方、ミルが試みたこの問題に対する答えは「三段論法的推論 Ratiocination」であった。正しい推論に至るためには、一定の正しい手順を踏んでいなければならず、まず現象界の因果関係について知識を得る必要があった。そのために体系づけられたのが「四つの実験的方法」であった。現実の自然界に存在する様々な事例の観察に基づきながら純粋に経験的方法に依拠する限り、事例の収集には限界があるばかりでなく、明らかにしたい真実を証明することも容易ではない。そこで実験的方法を用いることになる。実験的方法とは、複雑な事例の法則についてそれを生み出すためにより単純な法則から引き出すのではなく、実験を複雑な事例に基づいて行うことである。実験は特殊な疑問に対して直接答えを獲得することを目的としてなされねばならない。こうして実験が繰り返され、当該事項と無関係と思われる原因は排除される。様々な原因が精査され、それぞれの結果、影響が調査される。

こうしてすべての無関係なものが排除されると、残余の現象が明らかになる（第四法則）。ただし、実験的方法は因果関係が複雑な事例で適用することは困難である。

以上のように、観察的、実験的方法が適用できないことが明らかになった場合、さらに複雑な現象の法則を獲得できる方法がある。それが演繹法である。すでに述べたように、この方法では帰納的手段で獲得された結論を法則として容認したうえで推論に応用する。そして、推論に基づき仮説を形成する。ミルによれば、演繹法は三つの手順から構成されている。つまり、①直接的帰納法、②推論（Ratiocination）、③検証（Verification）である。推論、演繹法とは、ある結果の法則を複合的原因である異なった傾向を持つ法則の中から見出すことであって、上記の三段階を経て行われる。すなわち、第一段階として直接的帰納法によって複合的な原因を構成する異なった傾向の法則について知る。そのためには事前の観察、実験が不可欠な前提とされる。ただし、純然たる帰納はなく、純然たる演繹もない。なぜなら、一般に人々は、様々なデータを観察や実験によって収集する過程で、単純に集積するのではなく、一定の予測、見込みを持って臨む。同様に、演繹・推論に際して、用いられる公理・法則はアプリオリに存在するのではなく、一定の経験・実験によって獲得されたものである。このように推定された仮説は、新たな事実によって検証することで、新たな法則・公理として用いることができる。後者の手順はデカルトの「枚挙 Enumeration」を想起させる（デカルト『方法序説』第四部）。このようにミルによって提唱された「新しい」真理に至る方法においては、伝統的な経験論、帰納的方法と推論、演繹的な手法が相即不離の関係で結びついていることが重要である。
前に引用した箇所に続いて、ミルは、

それらの方法を確証するやり方は、すでに論じた四つの実験的な調査なのであって、その重要性を改めて確認している。その方法を諸原因の校正に適用することに関していくつかの注意をするだけで十分となる。(J. S. Mill, *op. cit.*, p.460)

と述べて、「四つの実験的方法」が因果関係を知る基盤であり、その重要性を改めて確認している。

それでは、このような科学的方法は熊楠の学問の実際にどのような影響を与えたのであろうか。以下では、これまで解説した事項と深いかかわりを持つ推論の問題について、一九〇二〜一九〇四年ごろ熊楠が好んで用いた「アナロジー(影応論理)」の用語について検討する。

4 【検証一】熊楠の学問の方法——特にアナロジーについて

アナロジーとは論理学の用語である。この語についてベインは自著の中で簡潔に説明している。アナロジーとは、厳密な帰納的推論を妨げることなく、二つの比較される現象に大きな相違がありうるとしても、唯一の条件として斉一性（同じであること）が帰納によって見出された性質（属性）として割り当てられた結果となるように適応できること、を意味する。ただし、アナロジーは帰納とは異なり、さらに明確な推論の形式として次の点を仮定して行われる。すなわち、二つのものは多くの点で類似していることから、その他の点においても似ているかもしれない。そして、そのほかの点は、因果あるいは共存の法によって一致点との関係性が知られていないことである。ただ、多くの性質が未発見のまま残されている場合、蓋然性は不確定のままである。アナロジーによる議論はあくまで蓋然的にすぎない。蓋然性は一致点の数を相違の数ならびに重要性と比較することによって測られる。さらに、既知のものと比較しながら未知の程度にも照らし合わせる。このような性質から、アナロジーは十分な証明ではなく、せいぜいのところ蓋然性を持った証拠である。自然界には動物・植物に人間との類例が多いことから、アナロジーが利用される。例えば人間の病気の原因を動物の事例から類推する。などである。

熊楠がこの問題を頻繁に議論するようになったのは、イギリスから帰国後、和歌山から那智に移り住んだ数年間のことである。事の発端は、法龍との交信が再開されて、その中で霊魂や魂の存在の有無について尋ねられたことのようであるが、筆者にとっての関心は熊楠の論理である。前に引用したように、「さればアナロジーということ、決して軽んずべきにあらざるのみか、実は論理はこのことの外相手にするものなしと知れ」と述べていた。

ベインは、「人間の事例から推して、下等動物が意識を持つかどうかに関する推論は、帰納か単なるアナロジーなのか、決定するのは興味深い」と述べ、人間の意識の外的現れは、感情のあらわれ、脳、感覚、筋肉組織の内的構造など、人間としての機能的一致点があることから、帰納は脆弱な表れに対してでもさらに広範にさらに拡大して適用された結果、動物にも意識がある推測できる、という。ベインは厳密な帰納法とアナロジーを区別するように努めているように見える半面、両者の類似性を明らかに認めている。熊楠はこの両者を一層緩慢にとらえていたように見える。つまり、アナロジーの論理を「霊界、魂」などの問題に当てはめようとしている。

ベインはさらに、「アナロジーを類似の程度に応じてのみ信頼するなら、そこから推論することに対して反意を表明する正当な根拠はない」と述べて、アナロジーの適応範囲を拡大するような記述を行っている。多くの仮説はアナロジー、あるいは相対的な性格を持っており、類似の程度と価値は多かれ少なかれ不確実である。その（アナロジーの）効力については、惑星に人が居住するか、またニュートンの水の波動についての説が光の波動とのアナロジーから生まれたなど、興味深い事例を提示している。

こうしてアナロジーは推論の一形態であることがわかる。すでに引用したように、熊楠は自然界において完全一致のホモロジーは存在せず、繰り返すが「さればアナロジーということ、決して軽んずべきにあらざるのみか、実は論理はこのことの外相手するものなしと知れ」とまで述べていたのである。この一文は、ミルの第一～第三法則に照らし合わせると、非常に理解しやすいだろう。

すでに一八九二年以降の法龍宛書簡については前章で述べた。そこで指摘したことは、イギリスに着いた頃の熊楠の仏教理解は仏教界で生きてきた法龍のような人物から見れば、極めて浅薄なものであるということであった。しかし、一九〇二年三月頃に書かれた書簡では、自然界（心界、霊界）における真理を理解するに至る過程を、推論に基礎を置く立場に変更しているように見える。そこには因果関係と輪廻を混同した考えはないようだ。この変更、または発展は、明らかに法龍と別れて以後イギリス滞在中に研鑽した成果であったと考えるのが妥当である。

一九〇二年春頃の熊楠の立場は、『高山寺蔵　南方熊楠書簡　土宜法龍宛書簡　1893-1922』（266、277頁）などに見られる。そこでは二つの事例について略地図を用いて説明を行っている。この二つの事例で熊楠が述べようとしているのは、基本的に同じである。つまり、推論を用いて「不可知」的領域に関する知識を得ることが可能であるということである。一つ目は、一九九七年、孫逸仙（孫文）と王立植物園に行ったとき道に迷った話、どのように入り口に正しく達すべきであったかという話である（高山寺本226頁）。もう一方は、大日（不可知

界）と人間界に関する議論の中で、アナロジーの理論について述べている。「次に貴下はややもすれば予の説法は譬喩多しといふ。世に同一のものなし。故に何事もみな実は譬喩なり」と述べ、様々な譬喩の表現をも用いるのは、実情に近くするためであるという。「世俗の外相等にて法を譬ふるは麁なり。科学にて譬ふるは密なり。而して今日の人心已に科学の蜜なることを認可する以上は、なるべき丈これに相応して科学の譬をとるの外なし。此外に科学の用は宗教になしと知るべし」とする。知の相対性、不確実性を容認しながらも、現状の知の達成段階として科学的知を最善のものとみなしている。

そして、「不可知論」について自説を述べ始める。そこには明白に上述の西洋的思惟の方法が見出せる。

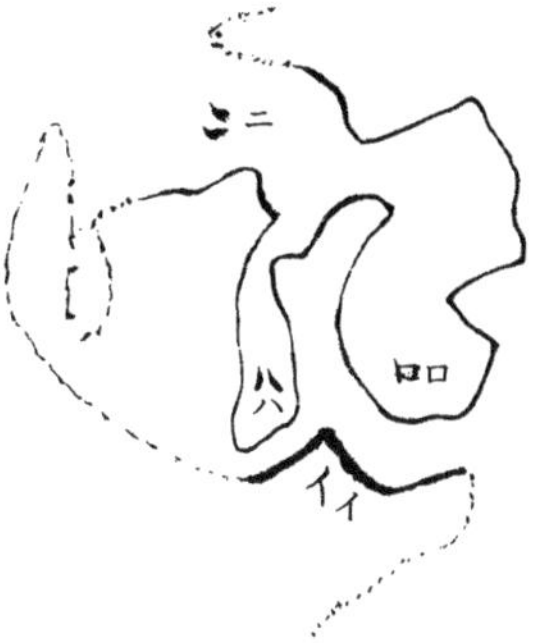

　不可知を唱道するは科学者なり。その不可知なるを何を以て知るや。已に不可知といわば是れ知るなりとは、之に対する耶蘇家の特一の難なり。予曾て鈴木大拙と此事を論ず。予は不可知は知るべからず。されど人智にてニよりロハの間の黒線なるを知り、其黒線の凸凹角度を知ればニロハ間の広袤だけは分る。

況や又これとはなれたる（イ）の黒線の処だけにても分り、推して他の虚線にて画せる所の外形を知らば、不可知のその部分だけにても分る。かくして広げゆかば、不可知の外形だけは分るといへり。大拙はこれは不可知を完全の一境と見たる論といふ。然り。デカルツなども不可知を完全にして確性《ポシティブ》のものと立論したるなり。小生の大日説亦之に同じ。実は科学すら何れも不可知を完全確性として立論し、よい勘定に合し居るに過ず。故に地質学で地のこと分り、天文学で天のこと分るが、二者立ち合ひて地球の年齢を議すれば、さっぱり合はぬほどのことなり。宗教を笑ふべきに非ず。（高山寺本227頁）

この引用は極めて重要で、熊楠の「事の学」の本質を理解する大きな助けとなる。内容は極めて簡単で常識的なことで、現象界の真理は科学的「蜜」な世界と宗教的「不可知的」不思議の世界の混合で成り立っているが、両者の相違はそれほど顕著ではなく、科学一辺倒でも宗教一辺倒でもない。両者の関係性の中にあるということだろうか。したがって、科学的知識を獲得するように、「不可知」の世界についても人智は及ぶと言っており、そのための手段が譬喩であって、アナロジー、推論であるということである。究極の真理は「今は」「不可知」とされるが、それは科学的推論によって絶えず明らかにされる流動的な対象である。この主張はミル、ベインの主張、すなわち当時のイギリスで流布していたと推測できる最新の科学的主張の一つであった（さらにPP.153-154のスペンサーの見解を参照)。

『南方熊楠日記2』によれば、一九〇三年三月二二日に、ベインの*Logic*を読んだと記されている。「朝ベーン論理学よむ。燕石考直し為也。午後燕石考直す」(334頁)とある。さらに同資料同ページ、二日前の三月二〇日、「燕窠中の石と相思子の間に真正の関係あるを知る」と述べ、燕窠中の石、石燕、介(貝)のフタ、相思子は「名相似」であるとして、これらのものの関係が分かったと述べている。これまた共感理論、影応論理(アナロジー)の応用である。このことから熊楠は帰国後もイギリスで学んだいくつかの理論を思い返しながら論考をまとめていたことが分かる。この時系列的一致は単なる偶然ではなく、この時期に熊楠がアナロジーに関連した「推論」の問題に相当強い関心を示していたことが判明する。ただ、熊楠の推論への関心は、宗教的・形而上学的関心からではなく、自然界の問題を心の問題も含めて「科学的」推論に基づいて説明することにあった点を見誤ってはならない。彼は合理主義者であった。

そもそも事の発端は二つあって、一つは「燕石考」の執筆過程において、自然界における真理を認識する方法についての関心、さらに帰国後土宜法龍との文通が再開されると、この真言宗の高僧が熊楠に死後の霊魂や魂に関する質問をしてきたことである。そこでは有名な「南方マンダラ」が話題であった。筆者はこれまで『熊楠研究』を中心に熊楠の学的方法について調査してきたが、南方マンダ

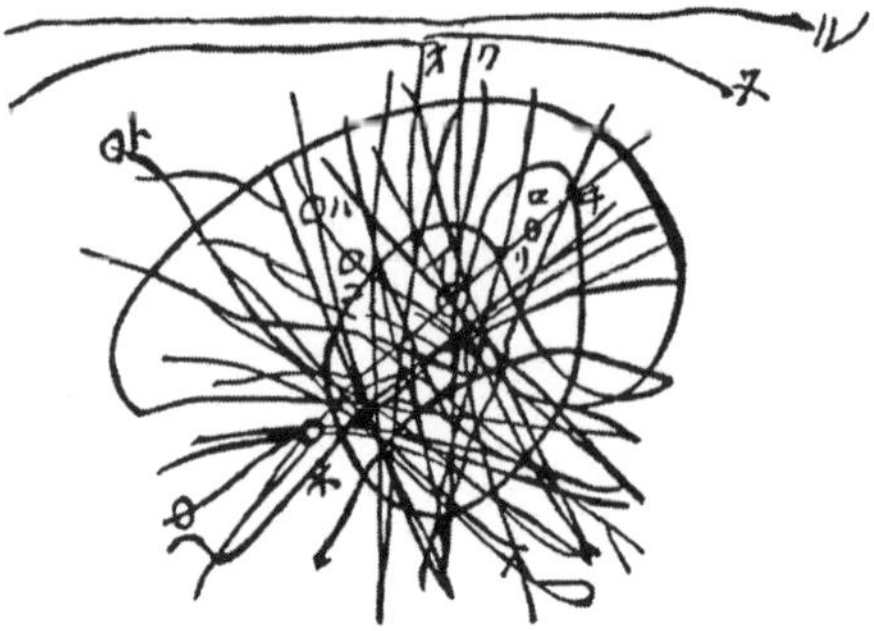

南方マンダラ

ラの解釈として熊楠の宗教的（仏教的）思想を解説するよりはむしろ、「事の学」（一八九三年一二月二一日提唱）以来の彼の学的方法の説明である点を示唆してきた。自然界の物、心にかかわる真理をどのように理解するかについて、熊楠の認識論にかかわると考えるのである。これは、熊楠の議論は相手が有力な仏教者であったことも含めて、当然宗教、とりわけ仏教が最重要なトピックになったことは不可避であったこと、同時に帰国後の熊楠書簡では「科学の真理」「科学的教育」に関する議論が多い点から説明できるであろう。一方、「南方マンダラ」は、一九八〇年から九〇年代以降、その宗教的側面、特に仏教との密接な関係がいわば「自明の前提」として注意が払われてきた。ほかの書簡、文書とのバランスを考えたとき（例えば柳田書簡を見れば、そこには仏教の教理、哲理に関する議論はほぼない）、いささかバランスを欠いた扱いであると言わざるを得ない。細かい議論は本書ではできないので、本章では熊楠サイドの状況を踏まえながら、彼のアナロジーの説明に注目しながら検討を進めたい。

既述の通り、熊楠のアナロジー論は、法龍が霊魂（仏性）の存在有無について質問したことに端を発している。霊魂の存在を証明するのに芝居の例から始めたものの、おそらくその類比に不都合を感じてか、比較の対象を科学的な生物学の事例へとシフトさせている。前に引用したように、「人心已に科学の蜜なるを認可する」ためである。

前文、霊魂死不死に対する小生の弁は、アナロジー（相応）にしてホモロジー（符合）にあらず。魚は鰓《あぎと》で呼吸し、人は肺で呼吸し、魚は水に活し、人は空気に生する。呼吸するところの似たるのみで、器官もなた範囲も異なるアナロジーなり。人と猫と同じく肺で気を吸うはホモロジーなり。（八坂本）

さらに、スペンサーの生物体の持つ破損処を修復する性質の説や、ダーウィンの生物体における「経歴の間の形相」を「……幾代ふるとも先祖代々の経歴せし形相を一切身体の原子中に存するによる」説をめぐって、

金粟謂く、是れ例の科学者の言なるかな、予を以て考ふれば、此議論撃つものも撃たるるものも諸共に原子、祖先代々の原子を悉皆小写しにして含有すといふに外ならず。此の如くんば、已に自家撞着の論といふべし。何となれば原子は、これより下なきもの、これより小さきものなきの謂なればなり。これ科学者は此娑婆世界で昼間見る所のみを脱すること不能、時と空を必須不可免のことと思ふによる賢こらしき謬見なり。（……）原子には個々先祖伝来の経歴事相を再現するの力あるものと説くをよ

しとす。（高山寺本354頁）

さらに続いて、「大日猫」の話が出てくる。

扨先刻いひしアナロジー（相応合）に依て論ぜんに〔此論は相応合ながらも芝居の例よりは事実に近い。即ちホモロジー（符合）に近い。但し真の符合といふもの此世になきは前書已に言之り〕、胎蔵大日如来の身内に一切の相を現するが取りも直さず右の猫の図ほどのことちや。大日の体に有らざる所なし。吾れ吾れは其小原子なれば、大日の体より別れしとき迄の大日の経歴は一切具するのみならず、実は大日体中に今も血液が身体中を巡回する如く輪回し居るものなれば、只今迄の大日の形相事相も今後発生すべき形事相も皆具し居るが、自分が大日の原資として、他が大日の原子たる所のものより、自分が自分たる特徴が専ら多きを知ることは、猫が犬に異なれば犬の原子亦猫の原資と特異なるが如し。されど、大日の大日たる所、乃ち仏性（霊魂）も亦多少を存

大日猫

し、ほかに取て之を助長、盛満せしむるを得ること、血中の白球が循環中に滋養分を取て自ら肥ゆるがごとし。されば右の結晶の如く、吾れ吾れ大日の原子は何れも大日の全体に則りて、或いは大に或いは小に大日の形を成出すを得。是れ其作用にして即ち成仏の期望あるなり。又猫の分子いづれも猫の形あるが如く、吾れ吾れ何れも大日の分子なれば、雑純の別こそあれ、大日の性質の幾分を具せずといふことなし。されば吾れ吾れの好む所なるのみならず、吾れ吾れ身体の分子、原子迄も静止と動作の二をはなれず、何れも生々して止まぬにて、死後も亦静止動作の様子こそ此世とかはれ、生々して止まぬものと知るべし。（高山寺本255－256頁）

人間に霊魂（仏性）を観察できるのは、大日の原子を内に含むからで、人間とのアナロジーで大日の性質について知ることができる、という論理である。大日は「不可知」であるから、大日から人間の性質を知るというのは不可能であるから、そのように考えることは熊楠にとっては矛盾である。これはすでに指摘した通り、宗教的議論であれ、哲学的議論であれ、議論の根底に「絶対的存在」を前提とすることが必要不可欠であるという、思惟する者にとっての「いろは」を反映している。信者にとって絶対的な信仰の対象は「信仰」にとって必要欠くべからざるものである。一方、哲学的に思惟する者にとっては、合理的議論を行う上で必要不可欠な支点（大前提）である。両者ともにこれがないと、すべての根拠を失うことになる。物理学者にとっての「エネルギー保存則」も同様である。熊楠はこの議論の過程で『華厳経』の「四法界論」やユダヤ教のカバラ（qabbalah）などを援用するが、私見では、これは新プラトン主義や一神教的神秘思想に共通してみられる「流出論」に類似したものであると思う。この問題は、熊楠が今検討中の書簡を書く十数年前、一八八〇年代に、わが国では仏教の「信如」をめぐる議論として東京帝国大学の学生を中心に注目されていた。その状況については、次章で簡単に触れる予定である。

熊楠が神秘主義的手法を用いたのは、法龍が所属する真言宗がそもそも神秘主義的（密教的）であると同時に、やはり読み手が法龍であった点が大きいと考える。熊楠は書簡の中で大日を「神」と置き換えるのは「無学の致すところ」であると述べているが、第1章で述べたように、彼は単純に神仏を受け入れないので、これは文字通りの意味だろう。もちろん、キリスト教やイスラームの神ではない。彼は常に「神意説」を徹底して退けている。あくまで自身の議論を成り立たせるために必要不可欠な「不可知」の領域に属する根源的な存在を設定することによって、自然界の真理を「合理的に」に説明する準備工程であると推測できる。決して「不可知」の「存在」を宗教的に確信しているのではない。

熊楠はこの「不可知」「不可得」の問題について、次の年、一九〇四年三月二四日、さらに議論を発展させている。「小生の曼荼羅に関することは、なかなかちょっと申し尽しがたければ、本書をもってその梗概を認め差し上げ候」として、この度はほとんど誤解の余地がないほど明瞭に自己の立場を明らかにしている。これまでに提示した例と同様、大邸宅の内部をどのように知りうるかという話を持ち出すが、議論の前提は極めて明瞭である。

前年チカゴのケラス方にある鈴木貞太郎（大拙と号す）と書簡にて往復す。この人の説に、熊楠は所説一切、不可得を完全体となすごとしという（小生の外にデカルツなども不可得を完全体とせり。大拙は知らざりし、または気がつかざりしなり）。小生答えには、不可得は完全体か不完全体かはすなわち不可得なり。しかしながら、今日不可得の分よりは大いにかつ完全の度高きものたることは推し知るべしといえり。

この議論の前提は、すでにミルの「実験的方法」の解説で明らかにした通り、一九世紀のイギリスを中心として提言され、打ち立てられた自然界の真理に到達する方法と近似している。帰納的推論に基づき獲得された「公理」「法則」を既知の事実として受け入れながら、演繹的推論を用いて仮説を立て、それを新たな事実によって検証する方法である。真理は永遠の連鎖のように際限なくあるように見えるかもしれないが、この方法によって少しずつ「完全の度高きもの」となる。この方法に熊楠が独自にたどり着いたと考えることもできるが、やはり留学中に肌で感じ、また帰国後の研鑽によってこれにたどり着いたと考える方が理にかなっているように思う。イギリス起源の考えであると思う。

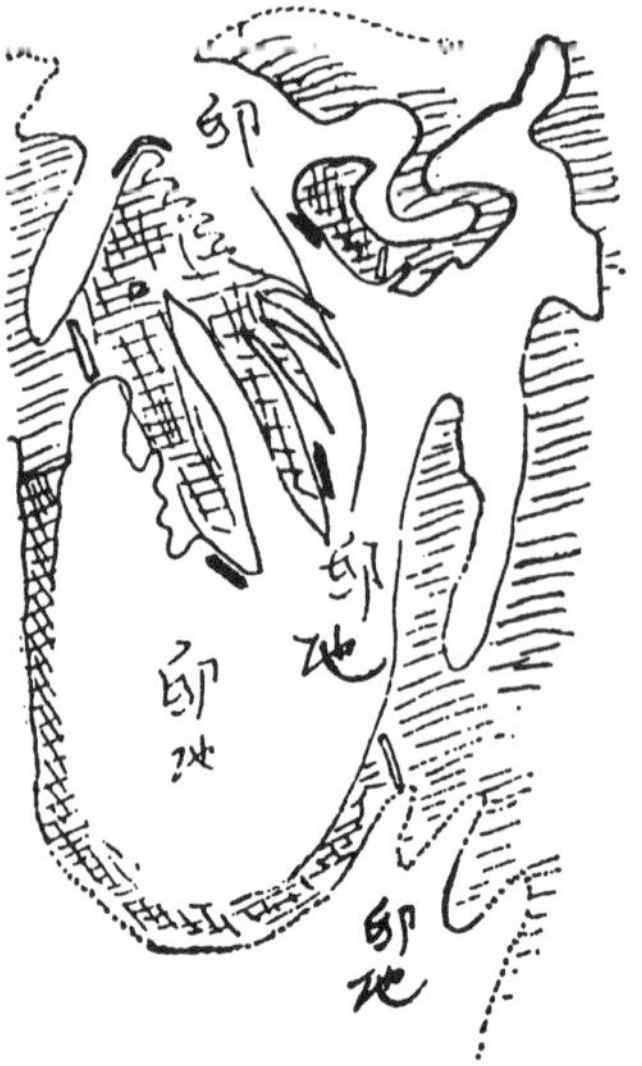

今、図のごとき大邸宅あり。黒線――は土塀なり。▯は栞《しお》り戸なり。虚線……は土塀か、また土塀にあらざるか、視得ず。さて土塀というものは、曲がる処は直なる処よりは多少崩れやすく、また曲がる処は気をつけぬと不意な石など抛げられ、糞をふみ、案摩《あんま》に突き当たり、蛇が蟠《わだかま》りなどするものなりとせよ。（この図ほどにはなきが、小生始めて東京に出でしころ、麻布広尾辺で夕方に大邸宅のみにはさまれ、小道、路次縦横せる所に入り、はなはだこまり入りし実地のこと覚えあるなり。）

さて図のごとく曲がった邸地、広いことは広いが、いずれ涯分《がいぶん》あるもの（この邸地外の邸地のことは除き）として、≡道路を歩きながらこの邸地を察するに、垣高くして邸内のことは分からず。しかしながら、歩けば歩くほど邸の垣の曲がりあんばい、歩数、角度よりして、邸の広袤《こうぼう》面積は別《わか》る。また歩くうちに、垣に少々すきまあり。また笑語の声を聞く等にて多少邸内の景況も分かる。#は邸内ながら▱なる栞り戸にて外人の入らぬようにせり。邸内より━┓等の小門あけて、使いに出たり、また密来の談客等はこれより出入して、さて外の▱なる栞り戸を開き、罕《まれ》に出入するなり。これらの人を察し、また聞き合わせ、また▱栞り戸の開きし間に内を伺えば内のの地面も面積も曲がりあんばいも知れ、幸いに栞り戸も中門もあきたるとき伺えば、ちょっとは邸内のことも知れるなり。故にこの邸無辺大なるものとするも、瞎象の譬喩のごとく、審密意をもってあるけばあるいただけが得になり、知識が広がるなり。（もっとも、そんなことは得にあらず、知識にもあらずといわばそれまでなり。ここには一種の閑人ありて、邸内のことを知りたきに知る方便が立たず、ぶらぶらあるきまわるものありとしていうなり。）かくして知ったところが、この邸のこと一つを知るのみ、他の邸宅を知ることにはならず。しかしながら、大抵諸地の邸これに比して如何様《いかよう》のものという、大体のことは考えつくものなり。故に不可得は完全にして、梗概は知り得るものと知るべし。これを知れば知るほど糞ふみ蛇に咬まれる患《うれ》い少なくなるなり。（八坂本397－398頁）

と述べている。再度確認すれば、以上の議論はすべて科学的知識に基づくものであって、単なる抽象的、形而上学的議論ではない。熊楠が具体性を欠く形而上学的議論を行うことはない。少し時系列的に順序は変わるが、これまでの議論の極めとなる箇所を、一九〇三年八月二〇日の書簡に見てみよう。

人間の智慧の至極下劣なる、真同一、真符合等の物を見ること能わず、またその想像だになすこと能わず。故に、世間、人間の理窟、理想は、みな影応論理《アナロジー》による。四季に序あるをもって天地もまた序あるを察し、介殻の堅固なるを見て、みずから用心する人の堅固なるを見るごとし。

この影応論理というもの、実は比ぶるものと比べらるるものの間に何の関係なき、曽参の木から落ちて母が家にありながら胸痛せしというごときにあらず。故によく合うもほんの機会上のこと、永くやってる中には合わぬことが起こる。ニュートンは影応論理よりして、炭素ふくめるものは、光線屈折力、炭素ふくまぬものより多きを、オレーフ油、松油《テレビン》、樟脳、亜麻仁油、および琥珀より知り、さて金剛石も光線屈折力尋常のものより多いから、必ず炭素を含める物ならん、といえり。のち化学盛んに開くるに及び、分析して金剛石果して純炭素なるを知れり。

影応論理は、図中（一）のごとく、（イ）（ロ）の黒線ずいぶん酷似するを推して、これと伴える（イ′）（ロ′）の二虚線また酷似するか、多少似るべきを知るなり。（二）は黒線と黒線全く符合する符合論理。しかるに、ニュートンの推せしところ金剛石までなりしゆえ、幸いに氏の影応論理は中《あた》れり。もし氏の生存中にグリノッカイト、オクタヘドライトという二礦物世に出ており、ニュートン金剛石を推すと同様の論理にてこの二石にまで及ぼしたらんには、大あてはずれなりしなり。（この二石は、金剛石よりもまだ屈折光線力過多なるに、炭素を少しも含まず。故に余に必ず（一）（二）のごとき論理の存するのみに限らず。またまわり合わせで悪いやつにつかみあたると、（三）ごときことあるなり。（イ）（ロ）は甚だ並行し酷似するに、これに伴う（イ′）（ロ′）は全く反馳し、少しも似るところなし。）（たとえば、この村の南端と瀬戸の湯崎とは山勢、土質および気候ははなはだ似る。故に大抵同様の植物あるべしと思い、ゆき見るに果たして然り。しかるに

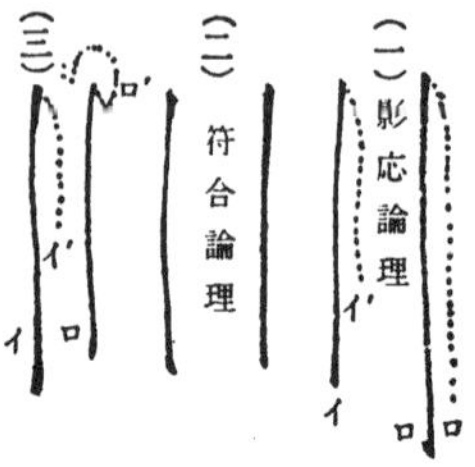

その他の事情、たとえば湯崎は潮風当たるから海辺草本のものが多い、この地は海を距たるからない、ごとし。）

しかるに、気の毒なるはこの人間世のこと多くは、否、全く実は影応論理のみにて、符合ということ一もあることなし。たとえば、幾何学にイロハ、イ′ロ′ハ′の二の三角形あり。その三角形相等しければ、（イロ＝イ′ロ′、イハ＝イ′ハ′、ロハ＝ロ′ハ′）、この二の三角形は等しという。等しといわば可なり。世には同じというなり。決して同じきことなし。第一に墨にて画ける色の濃厚の差あり。第二に線の太少の違いあり。ゆれあんばいの差あり。およそちがうものなり。ただ同似の部分あまりに目立つから、同じというのみ。実はこの世に符合同一ということは一もなし。これは全く白い同大の猫を見ちがえるほどよく似たと思うも、ならべて見ればどこかかわる。図のごとく眼のすわり様、頬のふくらし様など、どこかかわるものなり。もしこの世界に同一符合のことばかり盛んに行われたらんには、今日のごとく、事毎に物と物とを比較し、言うにたとえをひき、文認むるに形容詞を用い、教えとくに因縁比較説を用うるに及ばざることなり。しかるに、不幸にして右のごとく万事が影応不符合のことばかりの世間ゆえ、文かくとては形容詞に富める辞書を引き、論認むるとては故事を『淵鑑類函』に取り、教えをとくためには種々雑多の近例遠例を取らざるべからず。（八坂本348－349頁）

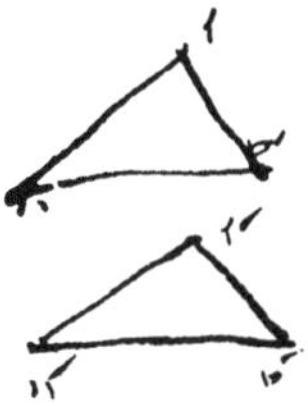

この長い引用は熊楠の具体的な学的方法を、実に熊楠らしいやり方で物語っ

ている。熊楠は物心両界の真理を探る手段としてのアナロジー、推論を用いて獲得された仮説、これを確証するために「近例遠例を取らざるべからず」として、膨大なデータを収集して活用せんとしたのである。これはミルによって提示された自然界に存する真理を発見する方法とほぼ同じである。ただ、熊楠の場合は、この方法を体系化することはなく、ミルよりもはるかに強くデータにこだわる傾向があった。この学的方法を直接ミルとベインから学んだのかどうかはともかく、熊楠が少なくとも理論的に帰納的推論と演繹的推論、両者の相即不離の関係を知っていたことは明らかである。熊楠は確実に二人の論理学に関する著作を読み、参照していたのである。

以上の考察を背景にして、筆者にとって興味深いことは、このような学的方法をイギリス留学を通じて「身につけていた」熊楠が、帰国後宗教的、哲学的問題を持ち出すことによって、法龍に伝えようとしたことは何か、さらに同時期の熊楠にとって「とっておきの」傑作であった「燕石考」において適用された論理とは何であったのかということである。それは一九世紀に著しい発展を遂げた最新の科学技術とそれに裏付けされた科学理論である。なかんずく、帰納法と演繹法を併用した新しい学的方法であった。次節ではこの点に留意しながら、「燕石考」の分析を行う。

5　【検証二】「燕石考」の分析

「燕石考」は未刊の論考であるにもかかわらず、多くの研究者から最高レベルの評価を得て、破格の扱いを受けてきた。この扱いの直接的理由は、「燕石考」が仕上がったと推定できる時期が、熊楠が「南方マンダラ」を論じた時期とほぼ同じであったためである。那智隠棲のころである（一九〇二年一月～一九〇四年一〇月）。また本人がたびたび「とっておき」の作品であると言っていたことも関係があるだろう。一九八〇年代から九〇年代にかけて、「南方マンダラ」に尋常ならぬ関心が払われ、その意味が十分に咀嚼されることなく、自由奔放に解釈された結果、両者（「南方マンダラ」と「燕石考」）の関係が必然づけられたためであろう。ただ、「燕石考」は、草稿に記された日付、日記などの記録によると、採用こそされなかったが実際に投稿された論考であり、さらに熊楠にとっては相当な自信作であったらしいことが判明するので、これが彼の民俗学的立ち位置を示す代表作であることはおそらく間違いないであろう。本節では、【検証1】で示した熊楠の学的方法がこの論考の中でどのように反映されているかを確認したい。

「燕石考」は、熊楠の代表作『十二支考』の各干支に関する記述と比較すれば、起承転結がはっきりしている。『十二支考』のように、これでもかと言わんばかりに次から次へと情報を詰め込むのではなく、我々が通常なじみのある論文に近い体裁をとっている。ロングフェロウの詩の引用から始まり、木内重暁の分類に関する記述が終わって、田中大秀の説に触れる辺りで、起承が終わる（全集『別巻1』、左綴じ3－7ページ。以下、「燕石考」のページ数は左綴じに従う）。転はここから始まり、16頁まで続く。16－18頁が結論である。ほかにも段落の切り方はあるだろうが、起承のところで論考のテーマを明示するために、テーマに関する古今の欧米人を中心とする記録を紹介する。ラテン語やフランス語を翻訳することなく原文のまま出したのは、雑誌の慣例によるのであろうが、おそらく熊楠のジレッタント、衒学趣味と欧米人に対する対抗意識の表れでもあろう。ただ、論考の問題点はかなり明確に表されている。転は熊楠の真骨頂で、「燕」「燕石」「燕にかかわる故事」など、これらのテーマに関する該博な知識を心ゆくまで披歴している。特に東洋の事例の紹介検討は圧巻である。おそらく必要以上に長いとの印象を与えるかもしれないが、「近例遠例を取らざるべからず」の信念に燃える熊楠は、手元にある限りのデータを出すのである。これが熊楠である。それが自己の考える結論を「証明」する唯一の方法なのであるから。

ここで重要なのは、結論に至る過程で熊楠が依拠した論理である。あるいは世界観と言ってもよい。私見では、熊楠が「燕石考」で依拠した論理、あるいは世界観は、①原因の複数性（plurality of causes）、②共感論理（theory of sympathy）、③影応論理（analogy）である。①については、ミルが自著の中で明らかにした世界観である。もちろんこれはミルの専売特許の考えではなく、一九世紀ヨーロッパの科学者、知識人の間で多かれ少なかれ共有されていた自然観、世界観である。私見では、いわゆる「第一マンダラ」（206頁参照）は「原因の複数性」を図示したものであって、おそらくそれ以上の意味はないと考える。付図を見れば、原因から結果の究明に至る複雑極まりない状況、真理を獲得することの困難さを即興で表現したものであろう。この図は平面に描かれているが、立体的に考えるそうである。もちろん、熊楠の「事の学」によれば、原因の中には、形而下（物理）的世界の物と物との因果

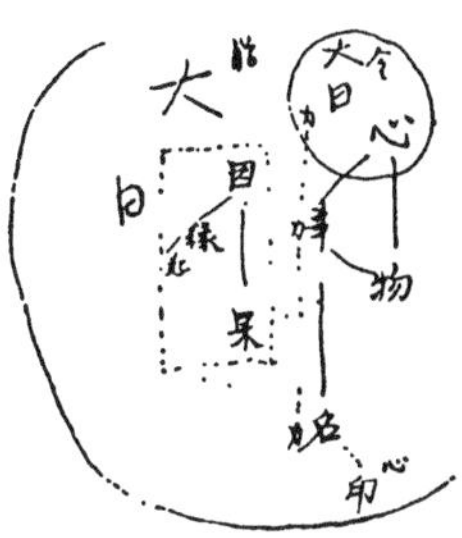

関係に加えて、心と物との因果関係があるので、「第一マンダラ」だけではその関係はよくわからない。

「事の学」が目指した心と物との関係を明らかにするためには、「第二マンダラ」を参照しなければならない。本書ではこの問題を深く論じることはできないが、できるだけ簡潔にその内容をまとめてみる。「第二マンダラ」では確かに「不可知的」大日如来が中心に扱われるが、そのメカニズムとして、形而上世界（心界）と形而下世界（物界）がどのように結びつけられるかを問題にしているが、決して達観した宗教者による「大日」サイドからの議論ではなく、人間、なかんずく科学的、合理的精神を持った人間（すなわち熊楠）の側からの議論である。前節で触れたとおり、人間が持つ魂（仏性）が知れるのは、幾人かの研究者が考えるように、大日の側から「神秘主義的に」「超理論的に」

知れるのではなく、少なくとも熊楠の場合は、すべての人間（衆生）が具備していると考えられる仏性の事実から類推して、大日の無限なる仏性（真如）を知る立場である。繰り返すがその逆ではない。もちろん、人類の歴史において直観知によって「不可知」の領域を一瞬のうちに体得した宗教的達人がいたことは認められるとしても、熊楠には神秘主義者的素質はあまり認められないと思う。熊楠の著作を検討すればするほど、この人物は自然界に存在するものを、夢すらも含めて「実体的に」扱う人であると思う。非常に合理的というか、冷静というか、自然界の現象の背後には必ず原因と結果の関係があることを確信していた人のように見受けられるのである。

②の共感論理は、③の影応論理と重ね合わせながら検討する必要がある。これを踏まえたうえで、いくつか熊楠自身の記述を拾ってみよう。熊楠によれば自然界に観察できる現象を、人間（特に未開社会の人々）は誤解（fallacy, error）して、類似したものと考えてしまう。スピリフェルを燕が変身して石になったものと考える（10頁）、カイツブリやチドリがトリガイに変身する」（11―12頁）、熊楠の在英期間に比較的近い時代の人物である Sir Robert Moray は、フジツボがオジロガンに変身するという俗信を信じた。コヤスガイから人間の目を連想し、両者の間に何らかの共感関係を見出す（15頁）、目石の炭酸ガスの中での動きを、触手が伸び縮みしているように、あるいは雌雄の交尾によって卵が産まれた（14頁）、などである。これらの事例は一九世紀的に言えば、③の影応論理として推論の一つとして新たな知識を発見するための有力な手段として学的方法の中に組み入れられうるものではあ

ったが、未開人の間では（Robert Morayの例では比較的最近においても）それはよく似たものの「誤認」によって、前科学的な解釈をもたらした。さらに、それは単純な誤認ではなく、それなりの真理を含むものであった。熊楠はこの点で、「……したがって古来の伝説や俗信には間違いながらもそれぞれ根拠あり、注意して調査すると感興あり利益ある種々の学術材料を見出しうる……」と述べている。同様の考えは、ミルにもみられ、未開人においては原初的な形態で厳密性を欠くとは言っても、一種の「帰納論」的に一般化する傾向があった点を指摘している。もちろん、当時の科学の発展状況から見た場合、共感関係は多くの誤謬を含むものであるが、より科学的な推論の一形態である影応理論によれば、より確実な自然界の真理に近づく潜在能力が念頭に置かれていることは言うまでもない。

以上のように、いくつかの共感関係の実例を示してから、熊楠は結論に入る。16頁の第一パラグラフは彼の世界観を明言している点で極めて重要である。これはすでに指摘したように、基本的に「第一マンダラ」図の記述的説明である。さらに、ここで示された自然観、世界観はすでにミルの「原因の複数性」の解説で明らかにされていた。したがって、当時のヨーロッパの知識人の間では格段に目新しい考えではなく、比較的多くの西洋の科学者、先進の知識人の間で共有されていたものである。熊楠は具体的には「燕石」伝説の成立における複雑かつ多様な状況を「原因の複数性」の理論で示してから、共感理論に依拠して「燕石」伝説の起源について、彼なりの結論に導くのである。

広く流布する「燕石伝説の起源」は、巻貝のもつ石状の蓋と、腕足類スピリフェル属の石灰質の化石にある。両者は、酸性の液体にいれると、石灰質が酸に溶けて発生する炭酸ガスによって動き回る様子が同じである。この石あるいは貝は、動き回るうちにまるで交尾するかのように重なり合うことがある。炭酸ガスの微小な気泡の集まりは、ヨーロッパの素朴な人々の目には生きものが触手を伸ばしているように見え、古代中国では産卵と誤解された。昔の人々は日常のあらゆるものに雌雄の別を見出しており、また、当時の病気療法は人間の心理によく合致した共感理論に基づいていたので、この石や貝のふるまいを見て、安産を促し、多産をもたらすという俗信が自然にできあがった。

この一節に続いていくつかの具体的記述が付加されているが、筆者はこのパラグラフに熊楠が「燕石考」執筆の際に考えていたほぼすべてが結論として凝縮されていると考える。ここで問題としたいのは、この結論へと導く理論にはどれほどの独自性があるのか、ということである。本章ではこれ以上詳細な検討を加えることはできないが、この理論の背景には、フレーザーの『金枝篇』の影響はなかったかという点、さらに繰り返し指摘したようにミルとベインの影響は顕著である。とすれば、熊楠自身の独自性はあまりないことになる。冒頭で述べたように、この論考は論理的記述の観点から、十分に論文の形式を備えている。特に実証を見せ場とする「転」において、中国、日本を軸とする東洋の文献を活用する点で、西洋人には到底追随できないものであった。ただ結論部分は、おそらく同時代の西洋の識者から見ればさほど目新しい内容でなかった可能性がある。特にフレーザーの作品は出版の時から非常にセンセーショナルな書物として受け止められていたので、何らかの影響があったかもしれない。確実なことは言えないが、「燕石考」における未開人の心性に関する記述はフレーザーに従っているように見える。同時に、未開人の魔術について、疑似科学性と近代科学との対比、相違の理解に関しては、フレーザーとミルには大差がないように感じる。

6 まとめ

本章では熊楠がイギリスで身につけたと思われる学的方法について考察した。それは基本的にはイギリス的経験論と相即不離の帰納法、さらに帰納法と表裏の関係にある演繹法である。普通の人間は何かを判断したり行動を起こす場合、必ず自らの経験に基づいて行う。意識的であれ、無意識的であれ、経験に基づく価値、世界観に依拠して行動を行う。この点を重視するかしないかは多かれ少なかれ個人の性格によると思われるが、おそらく経験論、帰納法は熊楠にとっては生来的に適合した知的立場であったのかもしれない。ここでは、ミルの著作の中心的テーマであった帰納法と演繹法の併用的方法を軸に紹介し、具体的に熊楠の代表的作品とされる「燕石考」に適用しながら分析を試みた。

【検証1】で分析した通り、熊楠の学的方法には当時よく知られていた論理学で扱う学問の方法、真理に至る方法の影響が強くみられる。熊楠にしては珍しくやや抽象的な自らの学問における真理に到達する方法についての解説であるが、明らかに経験論的、帰納的思惟の方法が開陳されている。人が真理を探求する過程で「糞ふみ蛇に咬まれぬよう」(誤謬を犯さぬよう)これまで見てきた様々な建物の構造を想起しながら歩けば、未知の建造物の大体は分かるものである。一〇〇%とは言えなくとも、大体の状況は分かるという立場である。この立場は「神仏」など超越的「不可知」の領域についても適応できると考える論者もいるが、熊楠の立場は現在不可知の物であってもそれはいつの日か科学的に(合理的に)究明されるという立場である。前章で簡潔に言及したスペンサーの立場に近く、「不可知」は多くの人々が認めるという実情を考慮する限りあるに違いないが、いずれは解明されるという考えである。

【検証2】では、具体例として「燕石考」を分析した。熊楠にとって特に重要であると考えられたのは、いわゆる「事の学」を形成する過程で、物(=形而下世界)と心=心理・霊魂的現象(形而上世界)の両界が複雑に混交して現出する現実の世界、「事界」をいかに理解するかであった。確かに、この問題は宗教的直観知に依拠して極めて主観的に解釈して対応することが可能である。ただしこの方法では解釈者の「感性」以外に説明の根拠がないので、なんとでも言える脆弱性がある。この問題は最終章で簡潔に触れる。このような手法を安易に採用することは学的営みを出発点で否定あるいは放棄する立場である。なぜなら、学的究明の努力はその脆弱性を知りながらも極限まで人間の持つ理知の働きを存在理由として認めるのであって、「超越」「異次元」などの領域を安易に容認することによって成り立つものではないからである。人間の理知の働き（思惟、思考）は言語（言葉）を用いて表現する以外にない。それは「言語で表現できない世界を言語で表現する」というようなレトリックで簡単に表現できるものではないのである。不完全であっても、どれほど時間がかかろうとも、理解できる範囲内で人間の能力を用いて対応するほかない。それを超えた真正の「不可知」の世界は、宗教の領域、信仰の領域である。

一九世紀のヨーロッパ、全般的な科学の発展、世俗化への流れの中で、人間の非力を容認し、大自然の秘密の奥深さを容認したうえで、人間は真理に近づくことができるし、自然界の真理の探究をあくまで放棄しないことを任務と考える人々がいた。熊楠はこの空気を好むと好まざるとにかかわらず、吸い続けた。もちろんこの知的雰囲気（エートス）が彼を一〇〇％異なる存在にしたとは考えられないが、最も知識を吸収しやすく、感受性の強い年齢で、しかも人一倍知識欲の旺盛な若者がこの充満する刺激に無関心であったとは考えられないのである。以上、本章では、熊楠がイギリスで習得したと思われる学的方法の内容を紹介検討した。熊楠は確かに当時の最新学問の手法を知っていた、しかし、結局彼は自らの学問を一つの体系にまとめることはしなかった。理由はよくわからないが、「燕石考」の分析で示したように、熊楠は研究者としては新しい事実の発見には関心を示すが、法則として体系化することを好まない、あるいはできないない研究者であったのかもしれない。

第6章 熊楠の研究方法と後代の評価

　これまで南方熊楠の前半生、とくにイギリス滞在期間に関連する資料を基にして彼の研究の内容を具体的に検討してきた。熊楠自身は自らの研究について体系的に方法論を論じることがなかったので、後代の研究者は彼の真意を正確に知ることができない。「事の学」と言われる学問に関する問題提起はあるにはあるが、その内容は必ずしも明瞭ではない。「事の学」について熊楠は一八九三年の法龍宛て書簡の中で述べたが、それがどの時点まで継続して問題意識としてあったのか明瞭ではないのである。有名な「南方マンダラ」について、帰国後の熊楠が「到達した」宗教的境地に関する図説であると言われることがあるが、私見ではおそらく学問上の世界に存在する多種多様な現象を把握するモデルのようなものではなかったかと考えている。帰国後彼を待っていた冷酷な現実を前に、那智の山中で植物の調査を継続したころの熊楠は、『華厳経』を熟読したと言われるが、果たしてその成果がその後の彼の著作や行動にどの程度反映しているのか、調べる必要があるだろう。

「事の学」はさておき、熊楠はいかなる学派にも属さず、特定の大学や研究機関に籍を置いていたわけでもないので、学問の師と呼べるような人物、ならびに彼が手取り足取り指導した弟子がいたわけではない。したがって、積極的に弟子を養成したわけでもないので、特別な彼の名を冠した学派があるわけでもない。彼の法龍との書簡などを見れば、スペンサーなど私淑していたと思われる著名人、影響を受けた人物は認められても、直接教えを受けたわけではないので、確実なことは言いがたい。もちろん、この自由奔放に見える無所属性が、日本の大学などの研究者たちにとっては真逆の「自由人」に見えた点は否定できない。彼の人気の一端はこの点にあると思う。

同時にもう一点注意を要するのは、現在まで続く熊楠人気は、二〇世紀末多数存在した「こんなはずじゃなかった」インテリ層による熊楠受容にその原因があった点も重要であると思う。オウム真理教の話はあえてしないが、知識や技術はあるのに社会で思うように成果を得られない、認めてもらえない人たちが、既成の路線に従わない、天衣無縫の自由人を南方熊楠に見ていた。たしかにそのように書くからそのように見えるのであって、一九八〇〜九〇年ごろの熊楠論にはそのような傾向があったように見える。すでに三〇年、四〇年前のことをいまさらあれこれ言っても大した意味はないかもしれない。したがって、最終章では、筆者が感じてきた熊楠研究の問題点について、簡単に述べたいと思う。南方熊楠はこれまで以上に地道に調査される必要性があると考える。あまり想像力を働かせすぎて、現実から乖離した人物像はあまり意味がないと思う。微に入り細を穿つ調査についても同様のことが言えるかもしれない。

1　評価の試み——鶴見和子

ところで、現在に直結する「熊楠ブーム」は一九八〇年代の鶴見和子の『南方熊楠——地球志向の比較学』を嚆矢とするが、これより少し遅れて出版された中沢新一の一連の作品も大きな影響を与えたと言える。後者には『森のバロック』など、熊楠に関する多くの著作があり、根強い人気を博している。筆者は一九九〇年代の初めごろ、鶴見の上掲書を読んだが、非常に強烈な印象を受けた。「快刀乱麻」の切り口あるいは「鶴見の最高傑作」等と称賛する評者もあったが、確かにこの書物は理解しやすい、分析的な書物であった。ただ、一〇年ほど後に筆者が読み直した時、あまりに多くの記述の不正確さに驚いてしまった。確かにこの一〇年間に、筆者は関連の概説書のみならず、専門的な書物や熊楠に関する第一次資料に接するようになった。それらの多くは鶴見自身が認めるように、彼女の執筆時には利用できない、当時は未刊の資料であった。この点に関しては如何ともしがたく、彼女に続く研究者が批判的に新資料で補えばよいだけのことである。ただ、筆者が感じた上掲書の問題点は資料の有無の問題というよりは、資料の扱い方の問題であった。鶴見の記述法は、理論的一貫性という点では明瞭で、熊楠が比較民俗学の端緒を開き、それを拡大発展させた人物として見事に表現されている。当時世界中に存在した様々な資料を比較した先駆的業績が描かれていた。論旨が明瞭であったために理解しやすく、熊楠は日本が生んだ極めてユニークな頭脳の体現者として脚光を浴びることになった。特に鶴見は熊楠の学問の根幹に仏教、なかんずく大乗仏教の真言宗を据える。具体的な批判評価は後半部で行うとして、この問題設定は以後の熊楠研究にとって少なからぬ影響力を持つことになった。後進の若い研究者の中にはこの問題を受け止めて、様々な考察を行う人たちが現われた。また、早々に熊楠の記述の仏教的性格について見切りをつけて、このテーマから離れた人もいる。いずれにしても、鶴見の書物は良い意味でも悪い意味でも、熊楠研究に新境地を開いた点で特筆に値する、

本書の趣旨からして筆者が最も関心があるのは、鶴見の作品の第3章「南方熊楠の仕事」である。この章は以下の通りの内容である。

比較の四つの領域

一、比較民俗一、『十二支考について』

一　i虎　ii竜　iii鼠
二　邪視について
三　人柱について
二、比較民話
三、比較宗教─科学論
一　学問の目標
二　比較宗教論
三　科学論
四、エコロジーの立場に立つ公害反対
五、おわりに――南方熊楠と現代性

このように「南方熊楠の仕事」の章は、その後研究者によって取り扱われた主要な問題の多くに言及していることがわかる。この章が提示する問題群を分析することによって、鶴見の先見性と同時に、多くの問題を内包していることが判明する。言うまでもなく、筆者はすべての領域について検討する能力を持たないが、これまで先行する四章で論じたのと同様に、筆者が主に学んできた宗教（イスラーム研究を中心とする）に関する知見に基づいて、熊楠の学問的方法、学問的態度について批判的に検討したい。これには十分な理由がある。なぜなら、鶴見自身は熊楠の学問の方法の基幹部分に宗教、すなわち仏教を据えて検討を行っており、宗教が熊楠の学問において枢要な位置を占めているように説明しているからである。民俗学や人類学に関してなされる議論は同時に多くの次元で宗教と関わっているため、熊楠の宗教理解を軸に据えて議論を進めることには意義があると言えるのである。したがって、以下においては「三、比較宗教―科学論」を中心に検討を始めることにしたい。

熊楠の記述の多くは体系的ではなく、多種多様の事実が次から次へと押し込まれた標本箱のようであると評される。この体系の欠如については様々な研究者によって、様々な評価がなされてきた。桑原武夫は熊楠の体系的記述の欠如の原因を当時の日本の学問の水準、現状の反映であるとみる（『南方熊楠　人と思想』、平凡社、一九七四年）。細かい考証はなされていないが、このような見方はまことにもっともであり、考察対象の実際を念頭に置いた歴史的・実証的評価は思想の歴史においても不可欠である。桑原は、同じイギリスの経験主義の伝統から学んだナチュラリストとして出発したマリノフスキーやわが国では今西錦司のような理論家がいるのに、熊楠にできなかった理由を、上記の通り日本全体の学問の未熟性に求めている。もちろんこれは熊楠の著述に体系化がない理由の重要な一つであろうが、すでに第5章で詳述したように、熊楠が当時西洋で最先端であったミルやベインの論理学を知らなかったわけではなく、帰国後のみならず明らかに英国滞在中に読んで知っていた。何より熊楠は当時の学問の最先端である英国に足掛け九年も滞在していたわけなので、学問の動向を知悉していたはずである。したがって、筆者は熊楠の学的態度の特徴は、やはり彼自身の個人的性癖と密接に結びついていると考える。

一方、鶴見は熊楠の細かい実証主義的傾向をちょうど一九五〇〜六〇年代のアメリカの社会学で主流であった、演繹法による理論体系化への反動から一九六〇年代半ば以降の資料に基づいて生成発展させるより柔軟な理論構築性との類似を指摘しているが、いかがなものか。熊楠が演繹的学風になじまないことは、本書においてこれまで繰り返し指摘してきたが、彼が抽象的、形而上学的な議論とは無縁の人であることはほぼ疑いがない。第1章で述べたとおり、そもそも熊楠は本人が述べるように実際に触れ、観察できない対象に対して関心を示さなかった。例えば熊楠が大日如来を核とする壮大な仏教理論を構築しようとしたというような議論は全く筋違いであるように思われる。いずれにしても、熊楠が当時のヨーロッパにあった演繹的傾向に反発して彼独特の実証主義を貫いたという議論は承服しがたい。さらに、熊楠の著作の特徴である引用文献の点数を逐次記載する手法について、鶴見は熊楠が自らの想像力と才能に自信があって、その表れとして引用文献を事細かに列挙したと述べるが、私見ではむしろその逆で、自らの考証に自信がないので多様な言語で記された諸著作からの引用の重複を恐れず必要以上に明記して権威づけを行ったのであろう。すでに指摘した通り、熊楠の民俗学的作品の多くは実際のフィールドワークを行うことによって得たデータに基づくのではなく、他人の記述や報告に依拠しているので、厳密にいえば本来の熊楠の手法に反するのである。この点は益田勝実の指摘する通りである。いずれにしても、これは熊楠だけが知る事項であって、我々は想像するしかない。

土宜書簡は、相手が学僧であるから宗教が主題であることは当然である。しかし、これらの書簡の面白さは、仏教を軸として世界の諸宗教を比較していること、そして、比較宗教論が即科学論になっている点にある。南方には理論体系がないという批判があることは、すでに述べた。たしかに、南方はその理論なり方法論なりを論文の形では発表しなかった。しかし、彼は土宜法竜宛書簡の形で、彼のすべての仕事を貫く方法論と、壮大な理論構築へのこころざしとを語ったのである。その意味で、わたしは土宜宛書簡を、南方の理論志向を探るためにもっとも重要な作品として評価する。

と鶴見は、法龍―熊楠書簡の重要性を強調する。これまでそうであったように、熊楠研究においてこの大量の書簡は熊楠の「思想」を知るうえで至宝のごとく扱われてきた。この点はこれ以後の南方熊楠研究においても変わることはないだろう。いかに不十分であったとしても、熊楠の思想的な意見を本人が表明している資料が多くない事実をふまえれば、それに依拠する以外に手段がないのが実情である。ただ、問題はその読み方である。さらに、鶴見自身が認めるように、彼女は『南方熊楠』執筆時に土宜法龍宛書簡の中でも法龍からの書簡を参照していないと述べている。これは致命的な欠陥であって、その後出版された新しい資料によって補完される必要がある。最近の研究では、高山寺で見出された法龍宛書簡が翻刻され、出版されているので、熊楠と法龍往復書簡の全貌がこれまで以上に明らかにされている。したがって、誰にでも利用でき、その内容に接することができるようになっている。

鶴見は南方がその学問の目標を次のように語ったとして、熊楠の言葉を引用する。それによると、「幼年より真言宗（自分の）に固著し、常に大日を念じ居り、何とぞ今の日本に存する――一向、日蓮等の俗向きのものの外に超出して、天台、真言等の哲学を日本に興隆し、他日世界の人がわが邦を一のアレキサンドリアとして就学せしむるよう致したし……」と述べたうえで、この目的達成のために「大乗教の審蜜高遠なる哲学を外人に示すより外なきが、これが成れば、実にえらいことと申すべし」と述べている。同様の大風呂敷はあちこちで広げているが、法龍がこのような話を真に受けていないことは、すでに第4章で示したとおりである。この書簡が書かれた日付は明記されていないが、内容から判断して旧来考えられてきた時期（明治二七年三月）よりも早い時期であり、八坂本では明治二六年一二月頃であると考えている。この段階における熊楠の仏教理解は、少なくとも仏教界で生活してきた人物から見れば実体のない空言と聞こえたであろう。

揚げ足取りのようなことをいつまでやっても仕方がないので話を進めるが、鶴見が今扱っている書物の中で提言した、熊楠の思想の背景にあるのは仏教、特に真言宗であるというテーゼが、件の書物が出版されて以降、様々な研究者に受け入れられてきた点は重要である。さらに重要と考えられるのは、多くの研究者の間で熊楠は元来理科系研究対象（生物学）を専門としており、特に粘菌という植物とも動物とも判別しがたい対象を扱うことによって、対象を一面的ではなく多面的にみる資質を備えていた点が共有されている点である。熊楠はさらに生物学、博物学だけではなく、民俗学、人類学、社会学にも関心を示した結果、彼の世界理解、人間理解は極めて広範で普遍的な内容を持つものであると考えられてきた。「一切知」ともいわれる普遍的な知識の獲得を目標としていたとされる。「地球志向の比較学」をなしうる背景がここにあったと想定された。この立場のバックボーンが仏教であり、一時「南方マンダラ」と称して流行した図は、その意味する内容について様々な見解が表明された。いまだにその真意は判明していないが、仏教という宗教と粘菌学（生物学）との複雑怪奇な関連性を前提として議論されたため、錯綜した事態が出来《しゅったい》することになった。ただ、確かに鶴見が提示する宗教と科学との相関という視点は当時の日本の置かれた状況を踏まえた場合、意味があると言える。この点を明らかにするために、一九世紀末ごろ、明治初期の日本の学界における仏教理解の状況を簡潔に考察してみたい。

先に述べた宗教（仏教、特に大乗仏教である真言宗）との関わりについて、仏教は「縁」「因縁」の教義を根本的前提とする。天が下に存在するすべてのものが相互に関連性を持っており、決して一元的に単調なありようではなく、この複雑な関係性の中で生まれたり消滅したりする魔訶不思議の様相を示している、と教える。究極的には事事無碍と言われるヒト、モノの存在物の間に全くの障壁、差別のない世界の実在という現象のとらえ方、多種多様のものが区別なく混然一体となって作られたのが我々の生存する世界である、と考える。この思想を明言する『華厳経』が近年物理学者の間でも注目を浴びているという。このような世界観、現象のとらえ方自体については何の問題もない。仮説として提出され、それが実証されればそれで済むことである。ただここで注意を要するのは、話を熊楠の生きていた時代に適応するとき、どの程度の意味があるかということである。例えば、「縁起」「因縁」の話にしても、仏教には近代科学に通ずる「因果」に関する議論があり、この宗教は極めて近代的で新しい時代に適応できる宗教であるという議論は、明治時代初期の日本においてすでに知られていた。

持ち込んだのは、フェノロサ（Earnest Francisco Fenollossa, 一八五三〜一九〇八）や『怪談』などで知られる、文学者、日本文化研究者小泉八雲（ラフカディオ・ハーン、Patrick Lafcadio Hearn, 一八五〇〜一九〇四）などのスペンサー主義者、ヘーゲル主義者たちであった。前者はスペイン系の音楽家の息子としてアメリカのマサチューセッツ州セイラムに生まれたが、学力衆に優れ、ハーヴァード大学に入学し、一八七四年に卒業した。個人的にはあまり社交的ではなかったが、哲学、特にヘーゲルの哲学に深い関心を示した。その影響は生涯に及んだという。思想活動の最初の段階では、スペンサーに強い関心を示し、「ハーバート・スペンサー・クラブ」の設立に尽力した。フェノロサはやがて一八七八年（明治一一年）から東京大学で哲学などを担当し、日本人英才の教育に当たることになるのだが、来日前にヘーゲルやスペンサーに関して深い知識を持っていたと考えられる。蛇足ではあるが、ちょうどこのころアメリカではスペンサーの大ブームで、イギリスで出版されるスペンサーの予約本がアメリカでよく売れたので、営業的には著者スペンサーにとってありがたい状況であったという。熊楠はアメリカでスペンサーを買って読んだことになっているが、彼が渡米した時期においても相変わらずスペンサーは人気があったようである。その後もスペンサーをいろいろ参照していたようであり、田辺市の顕彰館にはスペンサーの著作が多く保管されている。

フェノロサが東大で教鞭をとっていたころ、第1章で述べたとおり、熊楠はちょうどこの時期に東大の予備門にいた。しかし、彼は東大には入学していないので、フェノロサの授業を直接聞いたはずはない。ただし、元来徹底した合理主義者である熊楠には、仏教の科学との相関性、類似性などの議論は、おそらく受け入れやすい考えであったと思われる。直接受講することはなかったとしても、関連する話を聞いていた可能性は十分にある。ただこの点はたいして重要ではない。重要なのは、すでに日本人の知識人の間で仏教と科学の親近性についての知識がある程度共有されていた事実である。

東大生としてフェノロサの授業を受けた著名人の中には、井上哲次郎（一八五六〜一九四四）、井上円了（一八五八〜一九一九）、清沢満之（一八六三〜一九〇三）などがいた。彼らが残した書物の中で、たとえば井上円了はスペンサーとヘーゲルの思想を仏教に適応したとされる。スペンサーの『社会学原理』の宗教に関する箇所に基づいて、現象の背後にある「力」を『大乗起信論』にある「信如」と同一視しながら、彼自身の仏教哲学を展開しようと努めた。またヘーゲルの精神現象論によって万物即真如、真如即万物の理解に到達し、天台の教えとの同定を行ったという。彼によれば、『大乗起信論』は『華厳経』などに劣り、前者は宗教であるのに対し、後者は哲学であるとした。私見では、熊楠はこの種の形而上学的議論をすることはないと思うが、時々円了のことをあしざまに言及するわりには、有名な「妖怪論」など、円了が取り組んだ迷信（不合理なもの）の合理的解釈は、宗教と科学は一致するという点で、熊楠の立場と近似しているように思う。両者ともに合理主義者である。したがって、熊楠が仏教と近代科学の近似性を主張したとしても格段驚くことではない。ただ、第4章で詳しく紹介したように、法龍は「因縁」と合理主義の類似性、同質性について、根本的な仏教の誤解であるとして熊楠を叱った。つまり、因縁の無間地獄的連鎖を断ち切ることこそ仏教の救いの根本である点を高僧は教えたのである。どのように判断しても、法龍に分があると思われる。法龍の言うように熊楠の言うことは当時の日本で流行していた新しい仏教の解釈であったのかもしれない。もちろん熊楠は独自にそのような結論に到達していたのかもしれない。いずれにしても仏教の合理的性格、近代科学に背離しないというような考えは少なくとも東大を中心とする知的エリートの間では常識的な知識であったようである。それとも熊楠は確かに仏教と近代化学の融合を試みたのであろうか。また、福沢のところで学んだ法龍がこの流行思想を知らぬわけがないと思われる。

さらに進んで、鶴見は熊楠の学問の帰納的性格と統計学的側面を指摘し、ブール、ド・モルガンなどとの類似性、パース理論との類似にまで及んでいるが、前二者は確かに読んでいるが、さすがにパースは読んでいないと認めている。細かい話であるが、私見では熊楠がブールとド・モルガンを読んだのは、おそらくミル、あるいはベインの論理学の中にある箇所（Book II Deduction）を読んだのではないかと考えている。熊楠は帰国後、ド・モルガンの著作を購入しているので（顕彰館に保存されている）、もちろん、あくまで推測である。幼少期に数学が苦手であった事実を考慮すると、当時最新の記号論理学を取り入れていたとは考えにくい。これまで繰り返し述べてきたが、熊楠は形而上的な世界にほとんど関心を示さなかったので、極度に形而上的な数学の世界にはなじまなかったと思われる。顕彰館にはクリフォード（William Kingdon Clifford、一八四五〜一八七九）の論考も保存されているが、当時アメリカを中心に進展していた実用主義的な哲学（パース、W・ジェームズなど）の影響はなかったように思う。

実用主義哲学は確かにパースも認めるように、経験主義的でもある。統計学的な資料が重視された。ジェームズの *Varieties of Religious Experience* に見られるように、統計資料とは無縁に思われる宗教的経験の分野においてすら、過去に存在した可能な限りの宗教的体験について体験者自身の記述を丹念に集めて分析を行ったうえで、宗教的神秘主義は存在しうることを証明しようとしている。個人的にはこのジェームズの方法には問題があると思うが、一九世紀の末葉において過去のデータを分析し何らかの結論を帰納的に導くのは普通のやり方であったと思う。この意味で第5章で分析した熊楠の認識方法は明らかに帰納的であって、その帰納法はミル、およびベインから学んだようである。熊楠個人は自然界に存在する現物に最終的信頼を置く立場を堅持していた。したがってデータの収集は死活の事項であって、自ら関心を覚えるあらゆるものを収集し整理した。同様のことは民俗学、博物学に関する文献資料にも適用されたように思われる。熊楠は手あたり次第、自身の関心に従って情報をひたすら集めた。この精神は実験についても適用されており、帰国後熊楠は住居内の広い庭園で実験的に様々な植物を植えて育成していたのである。

2　評価の試み——中沢新一

このように、熊楠は当時のイギリスで広く行われていた帰納法については十分知っており、一定の適用を行っているように見える。しかしながら、情報の分析、総合の段階になると非常に心もとなくなってくる。「糞をふみ蛇に咬まれ」ぬよう注意してこれまでの知見を活用しながら新しい知識に至る、この総合化、理論化への意思を感じることができないのである。これは非常に理解困難な態度である。この不可解な態度に研究者は翻弄され、様々な憶測を行ってきた。その一つは中沢新一が主張する、現代人がいまだに到達できない智の領域に熊楠は入り込んでいたとみなす立場である。筆者はこのような考え方に反対するものではない。ただし、その主張に確実な根拠があった場合のことである。熊楠はかなり早く（一〇〇年？）この世に生まれすぎた、というような表現は面白いが、なぜそのように言えるのか、裏づけがなければ単なる妄語にすぎない。例えば、量子物理学の理論によれば、我々が現在生活している三次元世界は立体で構成される世界であるが、これに光を投射すると次元が一つ下がり二次元、すなわち平面の世界となる。同様に二次元世界は点になる。今度は四次元世界に同様の操作をすると三次元世界が現出する。我々の住む三次元世界は四次元世界もとにして現出した世界である、と理論的に考えることができる。この異次元の世界を熊楠が見た、あるいはそこからやってきた、という説がある。こうして、熊楠は普通の我々がうかがい知ることのできない高次元の真理を体得しているというのである。筆者にはこの種の記述の真偽が全く判別できないので、沈黙を保つしかない。

第5章で「燕石考」を紹介検討したが、この論考と一対をなすという「鷲石考」についての中沢の説明がある。燕の水の原理は鷲の火の原理と対応していて、熊楠が「燕石考」を書いた対の作品として「鷲石考」があるというのである。ところが鷲石考を考察しても火に関する記述はなく、中沢は困っている。それでも結局持論を強弁して、鷲石考は燕石考の対の作品として、火と水の原理が対応しているかのように記述している。つまり、熊楠が燕と鷲をそのように捉えていたというのである。実は「鷺石考」（飯倉照平監修、「南方熊楠英文論考〔ノーツ　アンド　クェリーズ〕誌篇」では、論考の途中から最後まで（539－556頁）具体的な鷺の話は出てこない。熊楠にとって関心があったのは、目前にある自分の知っている鷺石の別名、鈴石、御飯石、餓鬼の飯、石饅頭などであって、論旨から判断しても鷺石（アエティテス）は石の呼称の一つにすぎず、鷺そのものが重要であるとは考えられない。燕の場合とは異なる。二種類の鳥に何らかの象徴的意味を見出すことは困難である。ただし、「鷺石考」の準備期に関する言及によると、「燕石考」と同時期であったとの指摘がなされている。とまれ、上記の四次元の話同様、この話も話としては面白いが、まず理論ありきの議論であって、実証科学の立場からは受け入れがたい。

熊楠は理論化こそしなかったが、あれほどの執念を以て事実を集めたうえで著述を行った。筆者にはいずれが良いのか判断に苦しむが、話の筋だけが出来上がっていてそれに適合する事実だけをはめ込んでいくのはおそらく科学的な著述とは言えないだろう。事実をできるだけ多く収集してそれに基づく結論なり仮説なりを提出するのが科学的手続きである。少なくとも一九世紀の主流をなす考えであった。もちろん、理論などはいつか必ず反証が提示され、変化するものである。ただし、中沢の作業はフィクションであって、学問的記述とはいい難い面がある。繰り返すが、いくら膨大な数の事実を寄せ集めて何らかの結論に到達したとしても、所詮人間の出した結論が絶対的な真理であるはずはない。この意味で、帰納法はより確実な真実に到達するための一つの方法であって、唯一無二の絶対的な手法ではない。かといって、熊楠のように、データ収集作業は常識外の熱意と執念をもって行うが、議論全体の目的に関する結論なり仮説なりを表明しないのも問題がある。熊楠はまだ全体的な壮大な結論に至る過程にあったのだろうか。例えば『十二支考』の後半の作品（たとえば「犬」）を見ても、その気配はあまりないようだ。文章はかなり間延びしてきていないだろうか。四〇代以降五〇代に入って視力をはじめ、体力の衰えを訴え始める熊楠に、そのような壮大な学的総括の意図がまだあったのだろうか。全く不明である。

中沢によれば、熊楠が到達した智で現代人が未だ到達していない領域として「レンマ」の知がある（山内得立『ロゴスとレンマ』、一九七四年、岩波書店、中村雄二郎『西田幾多郎』、一九八三年、岩波書店、参照）。レンマの意味は確かにギリシア語起源らしいが、果たしてロゴスに対立する概念であるのか疑義を呈する立場もある。いずれにしても語源学的な詮索よりも、本当に熊楠が中沢の言うレンマの知に到達していたのか、この点は若干の考察を要する。レンマとは西洋的なロゴスに基づく合理的な思惟と対立する、瞬時に獲得される智であるという。どうやらその本家本元はインドであるらしい。熊楠中沢と同じ傾向の研究者によれば、この知識について記述した書物は『華厳経』であるらしい。熊楠が英国から帰国して、失意のうちに那智の山中で暮らしたことについては上で述べた。その時持参した書物の中に『華厳経』があったことは事実であり、熊楠はそれを耽読したらしい。そして研究者の中にはこの時期に特別な宗教的体験を果たしたと考える人もいる。熊楠自身書簡の中で述べているので何か尋常ならぬ出来事があったらしいことはわかるが、あくまで推測である。熊楠自身が自己の宗教的「体験」についてその時の状況をつぶさに記述しているわけではないし、その後の彼の生活にこの神妙なる「体験」が反映しているようにも思えない。私見では、熊楠の体験は確かにあったとしても、内容は不明である。さらに、かれが瞬時にして獲得できる無上甚尽微妙なる智の領域に到達したと考えられているのは、実際に熊楠の体験に関する記述の分析によるのではなく（これとは対照的に、W・ジェームズが丹念に過去の多くの宗教人の体験の分析を行ったのとは異なり）、おそらく『華厳経』の教説を逆投影して（ちょうど四次元世界から三次元世界の「存在」を投影するように）作り上げたのではないか、と思われる（金山穆韶・柳田謙十郎共著『日本眞言の哲學』、一九四三年、弘文堂、鎌田茂雄『華厳の思想』、一九八八年、講談社、参照）。これまた繰り返しになるが、真理に至る過程で仮説を設定し、それを丹念に実証してゆく行程は研究者にとって不可欠の作業であり、これがなおざりにされては絶対にならない。中沢の議論にはこの点が欠如するように思われる。

3 評価の試み――井筒俊彦

この微妙なる領域にかかわる知の獲得に関しては、イスラーム研究の世界的権威であった井筒俊彦

が『意識と本質――精神的東洋を索めて』（岩波文庫、一九九一年）の中で検討を行っている。井筒は同書の冒頭で、

人間知性の正しい行使、厳密な思考の展開、事物の誤りない認識のために、「定義」の絶対的必要性をソクラテスが情熱をもって強調して以来、思惟対象あるいは認識対象の「本質」をきわめるということが西洋哲学伝統の主流の一部となって現在に至った。それが「本質」論として主題的に取り上げられるか否かはべつとして、「本質」の問題性は、様々な名称、様々な形の下に、西洋哲学の歴史を通じて常に思想家たちの思惟を支配してきた。だが、西洋哲学だけではない。東洋でも――いま仮りに極東、中東、近東とふつう呼び慣わされている広大なアジア文化圏に古来展開された哲学的思惟の様々な伝統を東洋哲学という名で一括して通観すると――「本質」またはそれに類する概念が、言語の意味機能と人間意識の階層的構造と聯関して、著しく重要な役割を果たしていることに我々は気付く。

と述べて、西洋哲学とは異なる「東洋哲学」というものを共時的に構造化しようとする広大な構想を打ち出した。東洋の様々な宗教、思想を比較検討することによって、この構想を実現しようとした。十数種の外国語を研究に自在に活用できた限られた研究者にのみ許された計画であった。その結論として、

だが、イスラーム自身をも含めて、東洋哲学の一大特徴は、認識主体としての意識を表層意識だけの一重構造としないで、深層に向かって幾重にも延びる多層構造とし、深層意識のそれらの諸層を体験的に拓きながら、段階ごとに移り変わっていく存在風景を追っていくというところにある。だから、東洋哲学においては、認識とは意識と存在との複雑で多層的なからみ合いである。そして、意識と存在のこのからみ合い構造を追求していく過程で、人はどうしても「本質」の実在性の問題に逢着せざるをえない。

と述べている。言うまでもなく、その検討の対象として仏教、禅宗、朱子学、イスラームなど様々な東洋の宗教、哲学思想などが含まれている。井筒は上の「本質」の問題をさらに深化するために、一九九三年に『東洋哲学覚書　意識の形而上学――『大乗起信論』の哲学』を書いている。本書はイスラームの碩学が纏めた『大乗起信論』の解釈である。上記の通り、この書物は明治時代の日本人知識人にも注目され、様々な議論がなされた。『大乗起信論』は最近の研究によれば（大竹晋、『大乗起信論成立問題の研究』、二〇一七）、一人の作者（馬鳴菩薩）による単独の書物というよりは、『大蔵経』に収められた仏典を編集して、いわばパッチワークのように組み合わされてできあがった書物であると言う。井筒も指摘しているように、本書は以前から著者、成立年などについて議論されており、偽書の可能性についても触れている。ただ、本書は長年にわたり信者の間で「大乗仏教屈指の論書」として、信仰の書、哲学の書として受け入れられて来た事実の方が重要で、問題はその内容である。

井筒によると、『起信論』には二つの特徴があり、一つは思想の空間的構造化、二は思惟がいたるところで双面的・背反的、二岐分離的に展開する点であると言う。この中で、思惟展開の二岐分離的傾向は、『起信論』に使われている多くの（というより、ほとんど全ての）基本的術語、キーターム、の意味構造の双面性・背反性となって結実するとして、中でも大乗仏教全般を通じて枢要な位置を占めるキータームの一つである、「真如」を扱う。真如とは、第一義的には、無限宇宙の充溢する存在エネルギー、存在発現力、の無分割・不可分の全一態であって、本源的には絶対の「無」であり「空（非顕現）」である。これとは逆に、「真如」以外には、世には一物も存在しない。「真如」は、およそ存在する事々物々の本体であって、乱動し流動して瞬時も止まぬ経験的存在者のすべてがそのまま現象顕現する次元での「真如」でもあるとする。これを哲学的にいえば、「色即是空、空即是色」とも言えるし、要するに「真如」は二岐分離しつつ、別れた両側面は根源的平等無差別性に帰一する。さらに、「真如」にはこれとは別の秩序の双面性があって、この観点から見ると、『起信論』は「真如」を現象態と非現象態とに分け、前者にマイナス符合、後者にプラス符合をつけて、相互矛盾的対立関係に置く。即ち、現象的事物事象の世界（我々の経験的存在の世界）は、隅から隅まで「妄念」の所産であって、いわゆる現実は、本来的に妄象の世界とされる。このように、「真如」を考えるに際しては、二つの相反する意味的思考性の対立が、逆方向に向かう二つの葛藤のダイナミックな磁場となることを念頭に置かねばならない。この意味で後世の二重構造に幻惑されることなく、そのまま矛盾的に見通すことのできる人、そういう超越的綜観的覚識を持つ人こそ、『起信論』の理想とする完璧な智の達人（いわゆる「悟達の人」）なのだ、と説明される。

少しややこしい話のようであるが、中沢がレンマの語によって伝えようとしているのは、この超越的綜観的覚識のことなのだろうか。その通りであれば、このような宗教的（あるいは哲学的）確信、それに至る方法やその内実に関して古今東西の様々な宗教、哲学は、程度の差こそあれこの問題を扱ってきた。宗教に関して言えば、むしろこの問題を扱わない宗教があるのかどうか、と考えてしまう。いずれにしても、井筒は、「一般に東洋哲学の伝統においては、形而上学は「コトバ以前」に窮極する。すなわち形而上学的思惟は、その極所に至って、実在性の、言語を超えた窮玄の境地に到達し、言語は本来の意味指示機能を喪失する。そうでなければ、存在論ではあり得ても、形而上学ではあり得ないのだ」と述べるが、さらに、「いかに言語が無効であるとわかっていても、それをなんとか使って「コトバ以前」を言語的に定立し、この言詮不及の極限から翻って、言語の支配する全領域（＝全存在世界）を射程に入れ、いわば頂点からどん底まで検索し、その全体を構造的に捉えなおすこと──そこにこそ形而上学の本旨が存する」。したがって、人が「真如」という言葉を用いるとき、もはやそれは分析的に把握されているので、もはや「真の」真如とはいえないことになる。その結果「真如」は「仮名《けみょう》」であるということである。同様に、新プラトン主義でいう「一者」もまた、仮名にすぎない。井筒は、「我々が現にそこに生きている現実世界は、無数の「名」によって現象する重々無尽の意味連関組織、意味文節単位の網目構造、としての力動的な全体性であり、内的緊張に充ちた全包摂的意味文節地場なのである」（35頁）と述べる。

このような思惟はもちろんインド思想にのみ特徴的なものではなく、イスラームにおいても存在した。井筒はイスラーム神秘主義（タサッウォフ）の体系的記述を行ったイブン・アラビー（Ibn al-ʻArabi）の「存在一性論（Wahdat al-Vujud）」の思想を紹介している。イスラームでは神の絶対的唯一性（タウヒード）を強調することはよく知られている。通常これでさしたる問題は生じないが、イブン・アラビーによれば、宗教と信仰のコトバが神と呼ぶものを、哲学の言葉次元で「存在（Vujud）」と呼んで、しかもこの」「存在」の窮極位を新プラトン主義のプロティノスの「一者」同様存在の彼方におく。それは存在の彼方にありながら、しかも全存在世界の太源でもある。とする。

こうして、イスラーム哲学においても「形而上的なるもの」は、その極限的境位においては、絶対無分節であって、一切のコトバを超え、「名」を超える。しかし、コトバを超え「名」を超えるこの真実在（「存在」）には、自己顕現への志向性が、本源的に内在している。宗教的言辞で言うなら、「隠れた神」は「顕れた神」にならずにはいられないのだ。

と述べ、イスラームで無名無相の「存在」がアッラーとして自己顕現し始める。これは無分節者が無分節性を離れる第一歩であり、コトバの介入がすでにこの段階で始まっている、とする。もちろんこれとて意味論（semantics）を研究の核心に据えてイスラーム研究、さらに世界の宗教、哲学思想を長年調査し続けた井筒の解釈にすぎないが、多くの示唆に富む分析であると考える。本章で『大乗起信論』と「信如」の話を持ち出したのは、上で述べたように明治時代末期の日本人知識人の間でこれが重大な問題群の一つであったこと、さらに仏教以外の宗教、哲学思想においても、極めて矛盾的で、言語ではいかにしても表現しきれない「あるもの」の問題は、古今東西を問わず、人類の精神史において不可避の要素としてあったことを示すためである。さらに、前章まで説明した南方熊楠において、この形而上学的問題が必須の問題ととらえられていたのかどうかを対比的に示す狙いもあった。

筆者は教職にあった時代においても宗教研究の中で特に神秘主義の領域に関心があった。拙著『イスラームの神秘主義　ハーフェズの智慧』は、この問題を扱ったものである。久しく人間の宗教活動、特に神秘主義の道を歩む人々について学んで分かったことは、おそらく論理を積み重ねて究極的に到達できる知とは異なる、瞬時に獲得され（与えられると言ってもよい）、その結果救済に至る智を獲得する方法があること、さらにその領域に到達した人は少数ながら人類の歴史に確かに存在したであろうことが分かった。確かに一定の条件を満たした修行者の中には、神人合一体験（ファナー）を経て、いわくく言い難い境地に入った者がいた。そして、そこでのみ獲得される智は必ずある。その境地は

「言詮不及」であるし、百千万劫遭遇することが困難である。決して誰にでも開かれているわけではない門戸である。実はこのような神智を瞬時に体得する可能性はイスラームの神秘主義において自明の前提とされていた。真剣に神の道を探求する人々は、恋焦がれてやまない神との合一体験を得るために様々な修行に果敢に向かった。現象界の様々なしがらみを一枚一枚剝ぎ取りながら、修行に邁進したのである。繰り返すが神秘的神人合一の境地に入っても真の聖者となる人は限られており、そのような特別の境地に到達した人は聖者（ワリー）として一般の人々から尊崇を受けた。蛇足ながら、そのように一般信者の尊崇を受けた「聖者」すべて真の聖者であったわけではない。唯一絶対の神のみに従うイスラームにおいては、聖者崇拝はイスラームの原則に明らかに反するものであったが、ここで指摘したい点は合理的な思惟ではなく、ある瞬間に一気に神の智に到達する可能性はあるということである。

これは中沢の言う「レンマ」と大差はないように思う。ただ、中沢の言うレンマの意味する内容は果たしてインド起源なのか、ほかに起源を求めるべきなのか、不明である。ただ、この宗教現象はおそらくすべての宗教において程度の差こそあれ、存在するのではないか。ヨーロッパにおいても同様の宗教的体験の事実は存在した。ジェームズは上掲書の目的はただ一つ、人間の持つ神秘的体験の事実を示すことであったと言う。もちろん、彼が用いた材料はほぼ、ほぼすべてヨーロッパ起源、キリスト教にかかわっている。第3章でドレーパーの著作の中で、インド思想がその他の宗教に影響を与えた可能性について述べられていたが、これは断定できない。むしろイスラームの研究者の間では、インドからの影響はあったかもしれないが、イスラーム圏ではそれとは独自に発展したと考えるのが適切であるとされる。ユダヤ教やキリスト教についても、同様である。確かに文化の伝播を考える場合、このように独立発生的に考える方が正しい場合があると思われる。人間が本源的に持っている要素が外来からの刺激によって自律的に開花するという考えである。とまれ、ここでは合理的な思惟の手順を経ることなく瞬時に最高の知に到達することは、宗教の存在する所では形は変わっていても、ほぼ普遍的に存在するということを述べるにとどめる。

ただここで明記しなければならない点は、熊楠がこのような智を体得していたというのは明らかな飛躍である。論理的にどのようにつながるのか、また生身の熊楠にそのような崇高なる智に到達したことを示す証拠があるのか、これらの点を明らかにできないうちは不用意な議論を行うべきではない。那智での「体験」の後、熊楠は田辺に移り、定住を始める。これ以降の熊楠の活動に関しては、非常に多くの資料が存在する。本書はこの時期に関しては扱わないので、これまで出版された幾多の作品を参照されたい。はたしてそこに大乗仏教の真言宗の教えを実践する姿があるだろうか。また、現代日本人がいまだ到達できない智はどこに現れているのだろうか。また、その智とはいったい何であるのか。熊楠が生前に世に出した作品、著述はほぼ民俗学に関するものである。または私的な書簡である。彼が残した膨大な著述にまだ我々の知らない深淵なる知の宝箱を開く鍵が秘匿されているのだろうか。

熊楠を学べば学ぶほど、この疑問が強くなった。本書で扱ったのは主としてイギリス滞在期間に習得したと思われる具体的な資料、データ、理論などに関するものにすぎない。したがって、熊楠の残したすべての資料を網羅して検討したものではない。この限定された条件において獲得された結論は、イギリス滞在期間における若き熊楠の学的奮闘とその限界を明白に示すものであった。

4 まとめ

私たちが古典的文献を読む場合、二つの視点が重要である。一つは当該の時代の人々の気持ちに留意しながら、その時代の香りを嗅ぐこと、他はその時代の価値・思想を現代風に考え直してみることである。実はこの2点は同じことの表と裏であって、読者の直接知らなかった時代の雰囲気（エートス）を知ることによって今の自分の知見を高めることは、結局今の時代を生きる自分の立場に過去の事象を置き換えて見直す（再解釈する）ことである。前者については該当する時代の客観的考証によって時代背景をできるだけ正確に把握することが必須である。ここに私的解釈が紛れ込まないよう細心の注意を要する。一方、後者について言うと、私たちが今を生きている限り時代の価値の中にどっぷり浸かろうと、距離を置くべく努めていようと、その影響からきっぱりと関係を立ち切ることは不可能である。深刻なのは、ある過去の時代の問題群に対峙する際、あたかもその問題が現在と同様に当該時代にも等しく同様の位置と重要性を占めていたと考えることである。さらに、時代と地域さらにその文化・価値を考慮せず、普遍的、無批判に両者を混同してしまうことである。この態度は、前者の歴史的時代背景に関する考証をないがしろにすることによって生じる場合が多い。

本章ではこの点に関して若干の私見を述べた。具体的には鶴見和子と中沢新一の事例を取り上げた。熊楠研究にとって貢献を行った両者の作品には、共通して理論的記述が先行する傾向があり、実際の熊楠像と必ずしも合致しない面がある。鶴見の作品は「学術的」熊楠研究の出発点となった点で、多くの有益な提案がなされており、後の熊楠研究に良い意味でも好ましくない意味でも多大な影響を与えたと言える。その一方で、提示された理論を確証する実証性に乏しい気がする。この欠点は中沢の作品に顕著であり、実際の熊楠と氏の描く熊楠との乖離が著しく、堅実な実証が必要だろう。レンマの智についても、二項対立的な近代西洋の思考方法を批判する点は合理主義の行き過ぎを批判する意味でそれなりに有意義である半面、なぜ今あえてレンマの智を強調しなければならないのか筆者には理解しがたい。レンマ的な一瞬に到達する知識の獲得は、インド教（バラモン教）、仏教などだけではなく井筒俊彦を例にとって述べたイスラームやその他古今東西に存在した宗教においてほぼ普遍的に観察できる現象である。これまですでにそれなりの学的積み重ねがあり、欧米などでも関心が高まった時期があるので、いまさらという印象である。さらに、これをあえて熊楠と結びつけるのは、論点を分かりづらいものにしているように思う。一般に著者が自らの記述について、言葉で表現できない事柄を言葉で表現するという矛盾性を踏まえたうえであえて言語を用いる限り、可能な限りの実証性を示し尽くしたうえで議論を重ねる必要があるように思うのである。

おわりに

時代は人間を作る。時空間を超越して我々は人間とその思想を論じることができない。時代の条件は常にあって、人間の活動に影響を与え続けてきた。二一世紀は確かに変動の時期で、人類にとって予見できない重大な何かが起こる予感をさせる。もちろん、時代の条件はそれぞれの時代によって一定していないが、社会・経済的な要因は常に何らかの影響を与えてきた。もちろんこのように述べることは時代の物質的な条件の圧力によって、人間のあらゆる行動が規制され、決定されるという意味ではない。そうであれば我々が歴史や思想を学ぶ意味はなくなる。重要な点は、ある一定の時代における物質的（社会的、経済的、政治的）条件が人間の行動、思索に影響を与える一方で、人間は自ら作り上げた思想や価値に基づいて物質的条件を変容させながら歴史を自ら作り上げるということである。熊楠について具体的に言えば、日本人、明治時代、和歌山、生家の環境、幼少期の教育、などである。この点に関しては人間の偉大さ、凡庸さは無関係であるように思う。どのような人であっても人間は物質と精神のせめぎあいの中で、時に自らの取るべき行動を余儀なくされ、また時に自らの力で判断し、行動してきた。ただ偉人と言われる人は、その判断、行動を何らかの形で記録し、表現し、後代に残した。あるいは、同時代の人々がその人について詳細で正確な記録を残した。これがなければ、誰もその人の活動の意図・真意を理解できない。この意味においてのみその人の偉大さと凡庸さを判定できるのである。それしかない。したがって、人間の歴史の勉強は、ある意味で偉人の研究である。限られた人々の歴史の研究である。これは書かれたもの（文献）を用いる限り避けることができない事実である。

筆者は二〇代のころからこの人間の歴史におけるあり方に強い関心を示してきた。全体としては歴史なのだが、その中でも特に関心が強かったのは宗教・哲学の分野であった。今回予期せぬ機会を得てこの問題を考える機会を与えられたのは実に幸いであった。しかも、半世紀ほど専門分野として学んできたイスラームそのものではなく、イスラームと関わらせながら現在居住する和歌山が生んだ一人の人物、南方熊楠を特に彼の宗教観・世界観並びに彼の文献操作の仕方を通して考えることができた。宗教とはイスラームだけではない。仏教、キリスト教などの宗教、さらに一九世紀に最盛期を迎えた西洋の合理主義的宗教など、熊楠を見る視点はいくつもあった。小さい書物の中でこれらの要因をあらゆる角度から論じることは筆者の能力では不可能であるから、何らかの形で対象を制限する必要があった。したがって、焦点をかなり絞って、長年勉強してきたイスラームに関する知見、特に近現代のイスラーム史及び思想を軸に、熊楠の宗教理解をできるだけ追求しようと考えた。すると必然的に一九世紀西洋における仏教、キリスト教、西洋近代の合理主義の問題が関連してきた。熊楠は決してイスラームについて多くを語ってはいない。しかし、彼はイスラームに関連して学問の根幹にかかわる特徴的な立場を意識的、無意識的に表している。それは熊楠が生活していたイギリスという環境、さらにその偉大なる帝国の国際関係と関わっているように思う。これはある意味で熊楠を縛りつけたもっとも強力な歴史的条件であったのかもしれない。

この事実は必然的に、熊楠が自らの学的傾向を形成するのに働いたであろう。比較宗教論、合理的宗教（科学的合理主義）、古代宗教、宗教的伝統文化の伝播と独立発生など、本書の記述を見れば様々な問題群が現れてくることが分かる。これらの問題群は明らかに熊楠によって自覚的に認知されていたと思う。しかしながら、比類のない学問的好条件下にいたにもかかわらず、また逆にそれ故に、これらの問題群に対して、彼は親切かつ丁寧に説明しなかった。筆者にはいかなる人物の非凡性、凡庸性を論じる資格はない。熊楠はあれだけ多くの多岐にわたる仕事をして残しているのであるから、その精力だけでもその非凡さは明瞭である。ただ、確かに熊楠は極めて多くの情報は残したが、まとまった体系は残さなかった。体系が残されていないことは、少なくとも思想家としては評価不能ということである。筆者が本書で読者に示したかったのはこの点に尽きると思う。この人物は面白い。しかし、単なる印象としてならともかく、一人の思想家としては、問題がある。そして、これは熊楠だけの問題ではなく、筆者個人の問題としては学問の意味、知を求める作業の意味を考え直す機会でもあった。

本書の準備に先立ち、以下の論考を公刊した。本書ではそれらをそのままの形で掲載することはしなかったが、第2章、第3章、第5章はこれまでの調査の中で熊楠の学的立場を示すうえで極めて重要と考えるので、初出論考の大半をそのまま用いている。参考文献に関心のある読者は、それぞれの論考の註を参照されたい。そのほかの章に関しては、その他の論考をふまえながら今回改めて準備した。

① 「南方熊楠と猫とイスラーム」『日本語・日本文化』、大阪大学、日本語日本文化教育センター、二〇一五年三月、1―33頁。

② 「長編英語論文に基づく南方熊楠の学的方法論の検討――いわゆる「事の学」の解明に向けて」『熊楠研究10』、南方熊楠研究会編、二〇一六年三月、82―104頁。

③ 「南方熊楠の学問の方法とA. BainのLogic」『熊楠研究11』、南方熊楠研究会編、二〇一七年三月、275―294頁。

④ 「南方熊楠の学問の方法と「燕石考」――MillとBainの論理学から学んだこと」、『熊楠研究12』、南方熊楠研究会編、二〇一八年三月、53―85頁。

⑤ 「『十二支考』「犬に関する民俗と伝説」に見える南方熊楠の学的方法――イスラームの視点から「地球志向の比較学」の問題点をめぐって」『熊楠研究13』、南方熊楠研究会編、二〇一九年三月、210―224頁。

⑥「在英時代初期の南方熊楠と比較宗教学──熊楠の英文資料の扱い方の問題点について」、『熊楠研究14』、南方熊楠研究会編、二〇二〇年三月、242－263頁。

上記の通り、①は第2章で、④は第5章、さらに⑥は第3章で用いた。既発表の論考はすべて相互に関連しているが、やや特殊な問題を集中的に扱ったために文章が必要以上に煩瑣になることを恐れて、内容に言及しなかった。関心のある読者は参照していただきたい。

本書の出版に当たり京都大学学術出版会の國方栄二氏には非常にご面倒をかけた。特に、数年来進行していた白内障の悪化により手術を余儀なくされ、あたかも禅問答のような原稿の箇所が多々あったが、忍耐強く海容の心を持っていただいた。本書は小さく言えば南方熊楠の十年足らずの英国における学的生活を基軸とする記述、大きくみれば、一人の明治人を通じて、筆者なりの学問のありかたを考える企てである。一学究の徒としての自身の人生を反省する最後の意義ある作文になったと思う。

索　引

人名索引

「ア」
アヴェロエス　126–128
アーノルド　159–160
アリー（初代イマーム）　92
アリストテレス　124
井筒俊彦　245–250
井上円了　238
井上哲次郎　238
イブン・アラビー　250
今西錦司　232
ウィリアムズ　16, 143–151, 155–158, 160–163, 165–169, 180
ウエーバー　166
大川周明　43
オースリー　79–80, 99

「カ」
ガリレオ　122
岸本英夫　148
清沢満之　238
クラウストン　65, 68, 72, 80, 97–99
クラーク　110, 130
クリフォード　240
桑原武夫　232
ケイトリー　69–70, 80, 97, 100
小畔四郎　24, 27
小泉八雲　237

「サ」
サライ・ペーテル（柳瀬）　148
ジェームズ　240, 245
シーラージー師　96
鈴木貞太郎（大拙）　211
スペンサー　64, 153–154, 224, 238

「タ」
ダーウィン　64, 207
鶴見和子　229–232, 240
ティーレ　110, 114–115, 117
デカルト　190, 198
ド・モルガン　240
土宜法龍　6, 11, 14–16, 37, 64, 66, 105–106, 108–109, 121, 125, 136–138, 140–145, 148–149, 151, 179–180, 202, 206, 210, 234–235, 239
ドレーパー　16, 110, 118–120, 122–125, 128–131

「ナ」
中沢新一　241, 243–244, 252
南条文雄　17, 171, 173, 175–176, 178

「ハ」
バウムガルテン　73, 86
パース　240
ヒッリー　93, 96
平岩米吉　85
平田寛　118, 121
フェノロサ　237–238
ブラヴァッキー　160
プリンス片岡　37
ブール　240
フレーザー　222–223
ベイン　185, 187, 190, 201, 205, 222, 240–241
ヘーゲル　237–238
ベーコン　186–190
ホイー師　92
ホイッチングトン　67–72, 98–99, 101
ホワイト　118

「マ」
松居竜五　43
マリノフスキー　232
南方弥兵衛（弥右衛門）　27, 29, 34
南方熊楠の兄弟　29–30
ミュラー　17, 110, 144–145, 147, 171–179
ミル　183, 185–187, 190–191, 222, 240
ムハンマド　85, 96, 123–125

「ヤ」
柳瀬睦男　188

「ラ」
ライソンズ　70
ラスキン　175
ルター　122
ルナン　127

事項索引

「ア」
『アジアの光』　159–161
アメリカ遊学　34
アリストテレス主義　128
イスラーム　121–122
一者　249
犬（猫との比較）　85, 90, 92
「因果」に関する議論　237
英国留学　36
「燕石考」　71, 184, 216–218
影応論理（アナロジー）　199–201, 205–207, 213–214, 218, 220

「カ」
『懐旧録』　175
カバラ（ユダヤ教）　210
帰納法　184f.（第5章）, 241, 243
共感論理　218, 220
「キリストの体」説　165
『華厳経』　8, 210, 239, 244, 245
原因の複数性　218–219
事の学　204, 206, 219, 227

「サ」
三段論法的推論　197
『ジャータカ』　78–79, 99
「鷲石考」　242–243
『十二支考』　4, 66, 217, 244
『諸国名所図会』　32
真言宗　8, 28, 35, 45, 155, 157–158, 210, 230, 235–236, 253
新プラトン主義　249
「世界一統」　22–23, 30
存在一性論　250

「タ」
『第一原理』（スペンサー）　153
大英博物館　3, 11, 14, 37, 39, 41–42, 46, 61
『大乗起信論』　239, 247–249, 251
「大乗非仏説」　156
『大蔵経』　71, 73, 77–79, 84, 98–99, 103
大日猫　64, 208
『太陽』　4, 65
「東洋の星座」　37, 39
「土宜法龍往復書簡」　6, 145, 234

「ナ」
日英同盟　42
日清戦争　41
『ネイチャー（Nature）』　7, 17, 37, 71, 107
猫　84–85, 88, 90–91, 93–94, 100–103
「猫一疋の力に憑って大富となりし人の話」　4, 17, 64
ネストリウス派キリスト教　123–125
「鼠一疋持って大いに富んだ話」　79
『ノーツ・アンド・クェリーズ（*Notes and Queries*）』　7, 17, 46–47, 65, 68–72, 75, 78, 97, 100, 107

「ハ」
ハーバート・スペンサー・クラブ　237
比較宗教学　8–10, 15, 105–106, 109,

111, 113, 171, 176–177
『仏教講論』(ウィリアムズ) 143–149, 158, 160, 162–163, 166, 169, 171
仏教とキリスト教 168–170
仏性 164–165
『ペルシア史(ワッサーフの歴史)』 80–81, 88
ホモロジー 201
『本草綱目』 32

「マ」
南方熊楠記念館 13, 22, 31
南方熊楠顕彰館 44, 71, 87, 176, 180, 238, 240
南方熊楠の生地 31
南方熊楠のキリスト教嫌い 16, 33
南方マンダラ 19, 206, 217, 227, 236
　第一マンダラ 219
　第二マンダラ 219

「ヤ」
『大和本草』 32
四つの実験的方法 191–198

「ラ」
流出論 210
「履歴書」 13, 23–25, 28, 33–34, 40, 46–47, 49
レンマ 244, 252
「ロンドン抜書」 42, 44, 46, 58, 66, 86–87, 176
『論理学』(ベイン) 18, 187, 205
『論理学体系』(ミル) 184, 187

「ワ」
『和漢三才図会』 31, 64

南方熊楠関連年表

年　代	事　項	年齢
慶応3年(1867) 5月18日	南方熊楠生まれる（旧暦4月18日）父南方弥平、母すみの次男として生まれる。	0歳
明治7年(1875)	この頃、『和漢三才図会』を読み、筆写する。相前後して、『本草綱目』『諸国名所図会』『大和本草』も筆写。	8歳
明治16年(1883)	中学校を卒業。東京の神田共立学校に入学。	16歳
明治17年(1884)	東京大学予備門に合格、9月に入学するが、後に脳漿を患い中途退学。	17歳
明治19年(1886)	10月アメリカ留学の途につく。	19歳
明治25年(1892)	9月ニューヨークを立って、イギリスのロンドンに渡り、父の訃報を聞く。	25歳
明治26年(1893)	9月大英博物館の利用を許可される。10月『ネイチャー』に「東洋の星座」掲載。同月、土宜法龍と出会う。	26歳
明治27年(1894)	12月『ネイチャー』に「拇印考」掲載。	27歳
明治28年(1895)	4月より大英博物館にて筆写作業を始める（「ロンドン抜書」）。帰国までに筆写したノートは52冊に及ぶ。	28歳
明治30年(1897)	1月よりオランダの東洋学者シュレーゲルと論争。	30歳
明治31年(1898)	12月大英博物館閲覧室で監査官と口論し、博物館より追放処分になる。以後はロンドン自然史博物館、南ケンジントン博物館を中心に抜書を続ける。	31歳
明治33年(1900)	10月留学より帰国。	33歳
明治36年(1903)	4月『ネイチャー』に「燕石考」を送るが不掲載となる。後日、同論文を『ノーツ・アンド・クェリーズ』にも送るが、同様に不掲載となる。	36歳

明治40年(1907)	8月日本の船名に丸の字が付くことについて論じた論文「丸」を『ノーツ・アンド・クェリーズ』に掲載。	40歳
明治42年(1909)	9月神社の合祀と神林伐採に反対する意見を『牟婁新報』に発表し、神社合祀反対運動を始める。	42歳
明治45年／大正元年（1912)	1月雑誌『太陽』に「猫一疋の力に憑って大富となりし人の話」を掲載。	45歳
大正3年(1914)	1月『太陽』に「虎に関する史話と伝説」を発表。以後、毎年十二支に関する論考を発表。後に「十二支考」となる。	47歳
大正11年(1922)	南方植物研究所設立のための募金始まる。	55歳
大正15年 / 昭和元年（1926)	『南方閑話』『南方随筆』『続南方随筆』を刊行。	59歳
昭和4年(1929)	6月昭和天皇に進講する。	62歳
昭和16年(1941)	12月29日、永眠。	74歳

図版掲載一覧

カバー
・「若き日の熊楠」
南方熊楠顕彰館（田辺市）所蔵
・「猫の図」
南方熊楠記念館所蔵

本文
p.22「和歌山城を望む」（著者撮影）
p.24「小畦四郎（右）と、大正9年高野山一条院にて」 南方熊楠顕彰館（田辺市）所蔵
p.30 （右）「湊紺屋町、寄合橋」／（左）「寄合橋から北の水路を眺む」（左側中ほどの白い建物が世界一統本社）（著者撮影）
p.32 「世界一統本社南東隅にある熊楠案内文」（著者撮影）
p.34 「熊楠の父弥兵衛」 南方熊楠顕彰館（田辺市）所蔵
p.38 「ロンドン中心部」（絵葉書）（著者所蔵）
p.64 「柳田国男（1875-1962）」public domain
p.77 「義浄訳黄檗版『大蔵経』根本説一切有部毘奈耶、巻三二」 京都府立京都学・歴彩館所蔵
p.82 Sharif al-Din Abd al-Lah ibn Fazl al-Lah Shirazi（1265-1328）「Tarikh-e Vassaf」（『ワッサーフの歴史』）より
p.83 「ペルシア湾の地図」
p.87 「ロンドン抜書」 南方熊楠顕彰館（田辺市）所蔵
p.94 「砂漠ネコ、ヤマネコ」 中世のペルシア語文献「Ajayeb al-Makhluqat」（『被造物の驚異』）より
p.136 「土宜法龍（1875-1962）」飯倉照平・長谷川興蔵編『南方熊楠 土宜法竜 往復書簡』八坂書房（1990年）、口絵4頁より転載
p.153 「若い頃のハーバート・スペンサー（1820-1903）」public domain
p.172 「マックス・ミュラー（1823-1900）」public domain
p.174 「南條文雄《ぶんゆう》（1849-1927）」public domain
p.202 奥山直司・雲藤等・神田英昭編『高山寺蔵 南方熊楠書翰——土宜法龍宛1893-1922』、藤原書店（2010年）、266頁より転載、栂尾山 高山寺所蔵
p.203 奥山直司・雲藤等・神田英昭編『高山寺蔵 南方熊楠書翰——土宜法龍宛1893-1922』、藤原書店（2010年）、277頁より転載、栂尾山 高山寺所蔵

p.205　飯倉照平・長谷川興蔵編『南方熊楠 土宜法竜 往復書簡』、八坂書房（1990年）、46頁より転載、南方熊楠記念館所蔵

p.206「南方マンダラ」 南方熊楠顕彰館（田辺市）所蔵

p.208「大日猫」 南方熊楠著、奥山直司 , 雲藤等 , 神田英昭編『高山寺蔵 南方熊楠書翰——土宜法龍宛1893-1922』、藤原書店（2010年）、255頁より転載、栂尾山　高山寺所蔵

p.212　飯倉照平・長谷川興蔵編『南方熊楠 土宜法竜 往復書簡』、八坂書房（1990年）、398頁より転載、南方熊楠顕彰館（田辺市）所蔵

p.214　飯倉照平・長谷川興蔵編『南方熊楠 土宜法竜 往復書簡』、八坂書房（1990年）、348頁より転載、南方熊楠顕彰館（田辺市）所蔵

p.215　飯倉照平・長谷川興蔵編『南方熊楠 土宜法竜 往復書簡』、八坂書房（1990年）、349頁（２図ともに）より転載、南方熊楠顕彰館（田辺市）所蔵

p.219　飯倉照平・長谷川興蔵編『南方熊楠 土宜法竜 往復書簡』、八坂書房（1990年）、47頁より転載、南方熊楠顕彰館（田辺市）所蔵

参考文献一覧

南方熊楠著『南方熊楠全集』全一二巻、平凡社、1971 ～ 1975年
南方熊楠著、長谷川興蔵校訂『南方熊楠日記』全四巻、八坂書房、1987 ～ 1989年
飯倉照平・長谷川興蔵編『南方熊楠 土宜法竜 往復書簡』、八坂書房、1990年
飯倉照平監修、松居竜五・田村義也・中西須美訳『南方熊楠英文論考〔ネイチャー〕誌篇』、集英社、2005年
南方熊楠著、奥山直司、雲藤等、神田英昭編『高山寺蔵 南方熊楠書翰 ── 土宜法龍宛1893-1922』、藤原書店、2010年
松居竜五・田村義也編『南方熊楠大事典』、勉誠出版、2012年

＊
井筒俊彦『意識と本質──精神的東洋を索めて』、岩波書店、1991年
井筒俊彦『意識の形而上学──『大乗起信論』の哲学』、中央公論社、1993年
金山穆韶・柳田謙十郎共著『日本眞言の哲學』、弘文堂書房、1943年
鎌田茂雄『華厳の思想』、講談社、1988年
龜谷聖聲『華嚴聖典の哲學的根本問題』、名教學會、1921年
隈部慈明『大乗起信論精義』、法蔵館、1918年
志村真幸『南方熊楠のロンドン──国際学術雑誌と近代科学の進歩』、慶応義塾大学出版会、2020年
鶴見和子『南方熊楠地球志向の比較学』「日本民俗文化大系四」、講談社、1978年、講談社学術文庫、1981年
鶴見和子『南方曼荼羅論』、八坂書房、1992年
中沢新一『森のバロック』、せりか書房、1992年、講談社学術文庫、2006年
中沢新一『東方的』、講談社学術文庫、2012年
中村雄二郎『西田幾多郎』、岩波書店、1983年
南條文雄『懐旧録──サンスクリット事始め』、平凡社、1979年
マクス・ミユーレル『比較宗教学　復刻』南條文雄訳、博文館、1907年、復刻、ゆまに書房、2003年
松居竜五『南方熊楠──一切智の夢』、朝日選書、1991年
松居竜五『南方熊楠──複眼の学問構想』、慶應義塾大学出版会、2016年

A. Bain, *Logic: Deductive and Inductive*, New York, 1889
N. Bunyu, *A Catalogue of the Chinese Translation of the Buddhist tripitaka: the Sacred Canon of the Buddhists in China and Japan*, Oxford, 1883
W. A. Clouston, *Popular Tales and Fictions: their Migrations and Transformations*, London, 1887
J. W. Draper, *History of the Conflict between Religion and Science*, New York, 1874
J. S. Mill, *A System of Logic Ratiocinative and Inductive: Being a Connected View of the Principles of Evidence and the Methods pf Scientific Investigation*, London, 1872
M. Müller, *Lectures on the Science of Religion*, with a Paper on Buddhist Nihilism, and a Translation of the Dhammapada Or "Path of Virtue", New York, 1874
M. Müller, *Chips from a German Workshop, Vol.1, Essays on the Science of Religion*, New York, 1887
C. P. Tiele, *Outlines of the History of Religion to the Spread of the Universal Religions*, translated from the Dutch by J. E. Carpenter, London, 1877

嶋本　隆光（しまもと　たかみつ）

1951 年生まれ.
大阪外国語大学ペルシア語学科卒業.
UCLA 歴史学科大学院修了.
元大阪大学教授．現在，大阪女学院大学非常勤講師
専門はイスラーム現代思想で，イスラームのシーア派に関する日本でも有数の研究者である.

【主な著訳書】

『シーア派イスラーム　神話と歴史』（学術選書，京都大学学術出版会）
『イスラーム革命の精神』（学術選書，京都大学学術出版会）
『イスラームの神秘主義――ハーフェズの智慧』（学術選書，京都大学学術出版会）
『人々のイスラーム――その学際的研究』（共著，日本放送出版協会）
『岩波講座 世界歴史 21 イスラーム世界とアフリカ』（共著，岩波書店）
『イスラームを学ぶ人のために』（共著，世界思想社）
『イスラームの商法と婚姻法』（翻訳，大阪外国語大学学術研究叢書）
『イスラームの祭り』（監訳，イスラーム文化叢書，法政大学出版局）
その他，イランのイスラームに関する論文多数.

南方熊楠と猫とイスラーム　学術選書 113

2023 年 12 月 27 日　初版第 1 刷発行

著　　者…………嶋本　隆光
発 行 人…………足立　芳宏
発 行 所…………京都大学学術出版会
京都市左京区吉田近衛町 69
京都大学吉田南構内（〒 606-8315）
電話（075）761-6182
FAX（075）761-6190
振替 01000-8-64677
URL http://www.kyoto-up.or.jp

印刷・製本…………㈱太洋社

装　　幀…………鷺草デザイン事務所

ISBN 978-4-8140-0502-4

定価はカバーに表示してあります
Printed in Japan

学術選書［既刊一覧］

＊サブシリーズ　「心の宇宙」→［心］　「諸文明の起源」→［諸］
「宇宙と物質の神秘に迫る」→［宇］

079 マングローブ林　変わりゆく海辺の森の生態系　小見山　章
080 京都の庭園　御所から町屋まで㊤　飛田範夫
081 京都の庭園　御所から町屋まで㊦　飛田範夫
082 世界単位 日本　列島の文明生態史　高谷好一
083 京都学派　酔故伝　櫻井正一郎
084 サルはなぜ山を下りる？　野生動物との共生　室山泰之
085 生老死の進化　生物の「寿命」はなぜ生まれたか　高木由臣
086 ？◉！　哲学の話　朴　一功
087 今からはじめる哲学入門　戸田剛文 編
088 どんぐりの生物学　ブナ科植物の多様性と適応戦略　原　正利
089 何のための脳？　AI時代の行動選択と神経科学　平野丈夫
090 宅地の防災学　都市と斜面の近現代　釜井俊孝
091 発酵学の革命　マイヤーホッフと酒の旅　木村　光
092 股倉からみる『ハムレット』　シェイクスピアと日本人　芦津かおり
093 学習社会の創造　働きつつ学び貧困を克服する経済を　池上　惇
094 歌う外科医、介護と出逢う　肝移植から高齢者ケアへ　阿曽沼克弘
095 中国農漁村の歴史を歩く　太田　出
096 生命の惑星　ビッグバンから人類までの地球の進化㊤　C・H・ラングミューアーほか著　宗林由樹 訳
097 生命の惑星　ビッグバンから人類までの地球の進化㊦　C・H・ラングミューアーほか著　宗林由樹 訳
098 「型」の再考　科学から総合学へ　大庭良介
099 色を分ける　色で分ける　日髙杏子
100 ベースボールと日本占領　谷川建司
101 タイミングの科学　脳は動作をどうコントロールするか　乾　信之
102 乾燥地林　知られざる実態と砂漠化の危機　吉川　賢
103 異端思想から近代的自由へ　大津真作
104 日本書紀の鳥　山岸　哲・宮澤豊穂
105 池上四郎の都市計画　大阪市の経験を未来に　池上　惇
106 弁論の世紀　古代ギリシアのもう一つの戦場　木曽明子
107 ホメロスと色彩　西塔由貴子
108 女帝と道化のロシア　坂内徳明
109 脳はどのように学ぶのか　教育×神経科学からのヒント　乾　信之
110 デザインは間違う　デザイン方法論の実践知　松下大輔
111 ハイデッガーとギリシア悲劇　秋富克哉
112 自然に学ぶ「甘くない」共生論　椿　宜高
113 南方熊楠と猫とイスラーム　嶋本隆光